Esteban Echeverría

Dogma socialista
y otras páginas políticas

Barcelona **2024**
Linkgua-ediciones.com

Créditos

Título original: Dogma socialista y otras páginas políticas.

© 2024, Red ediciones S.L.

e-mail: info@linkgua.com

Diseño de cubierta: Mario Eskenazi.

ISBN rústica: 978-84-933439-9-6.
ISBN ebook: 978-84-9897-040-1.

Sumario

Brevísima presentación

La vida

Esteban Echeverría (Buenos Aires, 1805-1851). Argentina. Nació en septiembre de 1805 en Buenos Aires. Las muertes de sus padres marcaron su infancia y su adolescencia. Fue uno de los alumnos más destacados del departamento de estudios preparatorios de la Universidad, en el que ingresó en 1822 interesado por las asignaturas de latín, ideología, lógica y metafísica.

Trabajó en la aduana, estudió historia y francés y escribió poemas.

Más tarde, en octubre de 1825, marchó a Francia en un viaje que marcó su orientación filosófica y política.

Murió el 19 de enero de 1851 de una afección pulmonar.

El socialismo

Este libro, publicado en la Argentina, es uno de los primeros manifiestos del socialismo en América. Se trata de un socialismo peculiar, que marca distancia con las fuerzas políticas tradicionales de la Argentina del siglo XIX y que tiene un talante literario. Para Echeverría la literatura daría un nuevo perfil a un continente en ascenso, aunque parecía tratarse de una pretensión futura.

Había que fraguar un consenso público, un orden, o un pacto en espera de esa América atemperada, libre de cierto estado de revolución continua, que Echeverría anhelaba. Solo entonces la literatura y el arte ocuparían un lugar en la sociedad americana.

Sabría también, que en América no hay, ni puede haber por ahora, literatos de profesión, porque todos los hombres capaces, a causa del estado de revolución en que se encuentran, absorbidos por la acción o por las necesidades materiales de una existencia precaria, no pueden consagrarse a la meditación y recogimiento que exige la creación literaria...

Ojeada retrospectiva

Sobre el movimiento intelectual en el Plata desde el año 37

A Avellaneda, Álvarez, Acha, Lavalle, Maza, Varela, Berón de Astrada, y en su nombre a todos los mártires de la patria.

¡Mártires sublimes! A vosotros dedico estas páginas inspiradas por el amor a la patria, única ofrenda que puedo hacerla en el destierro; quiero engrandecerlas, santificarlas estampando al frente de ellas vuestro venerable nombre.

Envidio vuestro destino. Yo he gastado la vida en los combates estériles del alma convulsionada por el dolor, la duda y la decepción; vosotros se la disteis toda entera a la patria.

Conquistasteis la palma del martirio, la corona imperecedera muriendo por ella, y estaréis ahora gozando en recompensa de una vida toda de espíritu, y de amor inefable.

¡Oh Avellaneda! Primogénito de la gloria entre la generación de tu tiempo: tus verdugos al clavar en la picota de infamia tu cabeza sublime, no imaginaron que la levantaban más alto que ninguna de las que cayeron por la patria. No pensaron que desde allí hablaría a las generaciones futuras del Plata, porque la tradición contará de padres a hijos que la oyeron desfigurada y sangrienta articular libertad, fraternidad, igualdad, con voz que horripilaba a los tiranos.

¡Oh Álvarez! Tú eras también como Avellaneda hermano nuestro en creencias, y caíste en Angaco por ellas: diste tu vida en holocausto a la victoria, que traicionó después al héroe de aquella jornada, a Acha, el valiente de los valientes, el tipo del soldado argentino. Pero fue mejor que cayeras; los verdugos se hubieran gozado de tu martirio, y encontrado también como para la cabeza de Acha, un clavo y una picota infame para la tuya.

Y tú, Lavalle, soldado ilustre en Chacabuco, Maipú, Pichincha, Río Bamba, Junín, Ayacucho, Ituzaingó; los Andes que saludaron tantas veces tu espada vencedora, hospedaron al fin tus huesos venerandos. Te abandonó la victoria cuando te vio el primero de los campeones de la patria; te hirió el plomo de sus tiranos, y caíste por ella envuelto en tu manto de guerra.

Maza, tú también pertenecías a la generación nueva; su espíritu se había encarnado en ti para traducirse en acto. Debiste ser un héroe y el primer ciudadano de tu patria, y solo fuiste su más noble mártir. Vanamente el tirano puso en tortura tu alma de temple estoico, para arrancarte el nombre de los que conspiraban contigo; te lo llevaste al sepulcro.

¡Oh Varela! Como Avellaneda y Álvarez, tú no debiste ser soldado. Si no hubiera nacido un tirano en tu patria, la ciencia y la reflexión habrían absorbido vuestras preciosas vidas. La traición del bárbaro enemigo te hirió cobardemente, y tus huesos están todavía en el desierto, pidiendo sepultura y religioso tributo.

Varela, Avellaneda, Álvarez; la espada y la pluma, el pensamiento y la acción se unían en vosotros para engendrar la vida: sois la gloria y el orgullo de la nueva generación.

Pago-Largo y Berón de Astrada; primera página sangrienta de la guerra de la generación argentina. Tu nombre, Astrada, está escrito en ella con caracteres indelebles.

A tu voz Corrientes se levantó como un solo hombre, para quedar con el bautismo de sangre de sus hijos santificado e indomable, y ser el primer pueblo de la república.

Desde el Paraná al Plata, desde el Plata a los Andes, desde los Andes al Chaco, corre el reguero de sangre de sus valientes; pero le quedan hijos y sangre, y ahí está de pie todavía más formidable que nunca desafiando al tirano argentino.

¿Qué pueblo como Corrientes en la historia de la humanidad? Un corazón y una cabeza que se producen con nueva vida, como los miembros de la hidra bajo el hacha exterminadora.

Obra es ésa tuya, Berón: tu pueblo tiene en su mano los destinos de la república, y los siglos lo aclamarán Libertador.

¡Mártires sublimes de la patria! Vosotros resumís la gloria de una década de combates por el triunfo del Dogma de Mayo; vuestros nombres representan los partidos que han dividido y dividen a los argentinos: desde la esfera de beatitud divina, donde habitáis como hermanos unidos en espíritu y amor fraternal, echad sobre ellos una mirada simpática, y rogad al Padre derrame en sus corazones la fraternidad y la concordia necesaria para la salvación de la patria.

I. Sobre el movimiento intelectual en el Plata desde el año 37

A fines de mayo del año de 1837 se propuso el que subscribe promover el establecimiento de una Asociación de jóvenes, que quisieran consagrarse a trabajar por la patria.

La sociedad argentina entonces estaba dividida en dos facciones irreconciliables por sus odios como por sus tendencias, que se habían largo tiempo despedazado en los campos de batalla: la facción federal vencedora, que se apoyaba en las masas populares y era la expresión genuina de sus instintos semibárbaros y la facción unitaria, minoría vencida, con buenas tendencias, pero sin bases locales de criterio socialista, y algo antipática por sus arranques soberbios de exclusivismo y supremacía.

Había, entretanto, crecido, sin mezclarse en esas guerras fratricidas, ni participar de esos odios, en el seno de esa sociedad una generación nueva, que por su edad, su educación, su posición debía aspirar y aspiraba a ocuparse de la cosa pública.

La situación de esa generación nueva en medio de ambas facciones era singular. Los federales la miraban con desconfianza y ojeriza, porque la hallaban poco dispuesta a aceptar su librea de vasallaje, la veían ojear libros y vestir frac, traje unitario ridiculizado y proscrito oficialmente por su jefe, en las bacanales inmundas con que solemnizó su elevación al mando supremo. Los corifeos del partido unitario, asilados en Montevideo, con lástima y menosprecio, porque la creían federalizada, u ocupada solamente de frivolidades.

Esa generación nueva, empero, que unitarizaban los federales, y federalizaban los unitarios, y era rechazada a un tiempo del gremio de ambas facciones, no podía pertenecerles. Heredera legítima de la religión de la patria, buscaba en vano en esas banderas enemigas el símbolo elocuente de esa religión. Su corazón virginal tuvo desde la cuna presentimientos y vagas revelaciones de ella. Su inteligencia joven, ávida de saber, ansiaba ver realizadas esas revelaciones para creer en la patria y en su grandioso porvenir.

Los unitarios, sin embargo, habían dejado el rastro de una tradición progresista estampado en algunas instituciones benéficas, el recuerdo de una época, más fecunda en esperanzas efímeras que en realidades útiles; sofistas brillantes, habían aparecido en el horizonte de la patria, eran los vencidos, los proscriptos, los liberales, los que querían, en suma, un régimen constitucional para el país. La generación nueva, educada la mayor parte en escuelas fundadas por ellos, acostumbrada a mirarlos con veneración en su infancia, debía tenerles simpatía, o ser menos federal que unitaria. Así era; Rosas lo conocía bien, y procuraba humillarla marcándola con su estigma de sangre. No hay ejemplo que haya patrocinado a joven alguno de valor y esperanzas. Esa simpatía, empero, movimiento espontáneo del corazón, no tenía raíz alguna en la razón y el convencimiento.

La situación moral de esa juventud viril debía ser por lo mismo desesperante, inaudita. Los federales, satisfechos con el poder, habían llegado al colmo de sus ambiciones. Los unitarios en el destierro, fraguando intrigas oscuras, se alimentaban con esperanzas de una restauración imposible. La juventud aislada, desconocida en su país, débil, sin vínculo alguno que la uniese y la diese fuerza, se consumía en impotentes votos, y nada podía para sí, ni para la patria. Tal era la situación.

II

El que suscribe, desconociendo la juventud de Buenos Aires por no haber estudiado en sus escuelas, comunicó el pensamiento de asociación que lo preocupaba, a sus jóvenes amigos don Juan Bautista Alberdi y don Juan María Gutiérrez, quienes lo adoptaron al punto y se comprometieron a invitar lo más notable y mejor dispuesto de entre ella.

En efecto, el 23 de junio de 1837 por la noche, se reunieron en un vasto local, casi espontáneamente, de treinta a treinta y cinco jóvenes, manifestando en sus rostros curiosidad inquieta y regocijo entrañable. El que suscribe, después de bosquejar la situación moral de la juventud argentina, representada allí por sus órganos legítimos, manifestó la necesidad que tenía de asociarse para reconocerse y ser fuerte, fraternizando en pensamiento y acción. Leyó después las palabras simbólicas que encabezaban nuestro credo. Una explosión eléctrica de entusiasmo y regocijo saludó aquellas palabras de asociación y fraternidad; parecía que ellas eran la revelación elocuente de un pensamiento común, y resumían en un símbolo los deseos y esperanzas de aquella juventud varonil.

Inmediatamente se trató de instalar la Asociación. Por unánime voto cupo al que suscribe el honor de presidirla, y nos separamos dándonos un abrazo de fraternidad indisoluble.

Ahora, después de tantas decepciones y trabajos, nos gozamos en recordar aquella noche, la más bella de nuestra vida, porque ni antes ni después hemos sentido tan puras y entrañables emociones de patria.

La noche 8 de julio volvimos a reunirnos. El que suscribe presentó una fórmula de juramento parecida a la de la Joven Italia; fue aprobada y quedó juramentada e instalada definitivamente la Asociación. Al otro día, 9 de julio, celebramos en un banquete su instalación, y la fiesta de la independencia patria.

Pero se trataba de ensanchar el círculo de la Asociación, de ramificarla por la campaña, donde quiera que hubiese patriotas; de reunir bajo una bandera de fraternidad y de patria, todas las opiniones, de trabajar, si era posible, en la fusión de los partidos, de promover la formación en las provincias de asociaciones motrices que obrasen de mancomún con la central de Buenos Aires, y de hacer todo esto con el sigilo y la prudencia que exigía la vigilancia de los esbirros de Rosas y de sus procónsules del interior.

Considerábamos que el país no estaba maduro para una revolución material, y que ésta, lejos de darnos patria, nos traería o una restauración (la peor de todas las revoluciones) o la anarquía, o el predominio de nuevos caudillos.

Creíamos que solo sería útil una revolución moral que marcase un progreso en la regeneración de nuestra patria.

Creíamos que antes de apelar a las armas para conseguir ese fin, era preciso difundir, por medio de una propaganda lenta pero incesante, las creencias fraternizadoras, reanimar en los corazones el sentimiento de la patria amortiguado por el desenfreno de la guerra civil y por los atentados de la tiranía, y que solo de ese modo se lograría derribarla sin derramamiento de sangre.

Creíamos indispensable, cuando llamábamos a todos los patriotas a alistarse bajo una bandera de fraternidad, igualdad y libertad para formar un partido nacional, hacerles comprender que no se trataba de personas, sino de patria y regeneración por medio de un dogma que conciliase todas las opiniones, todos los intereses, y los abrazase en su vasta y fraternal unidad. Contábamos con resortes materiales y morales para establecer nuestra propaganda de un modo eficaz. En el ejército de Rosas había muchos jóvenes oficiales patriotas, ligados con vínculos de amistad a miembros de la Asociación. Estábamos seguros que gran número de hacendados ricos y de prestigio en la campaña de Buenos Aires abrazarían nuestra causa. En las provincias del interior pululaba una juventud bien dispuesta a confraternizar con nosotros. Todo nos prometía un éxito feliz; y a fe que la revolución del sur, la de Maza, los sucesos de las provincias, probaron después que nuestra previsión era fundada y que existían inmensos elementos para realizar sin sangre, en momento oportuno, una revolución radical y regeneradora, tal cual la necesitaba el país. Todo eso se ha perdido; la historia dirá por qué; no queremos nosotros decirlo.

La Asociación resolvió, por esto, a petición del que suscribe, nombrar una comisión que explicase del modo más sucinto y claro las palabras simbólicas. La compusieron don Juan Bautista Alberdi, don Juan María Gutiérrez y el que suscribe. Después de conferenciar los tres, resolvieron los señores Gutiérrez y Alberdi encargar al que suscribe la redacción del trabajo, con el fin de que tuviese la uniformidad de estilo, de forma y método de exposición requerida en obras de esta clase.

En el intervalo se consideró y discutió el reglamento interno de la Asociación presentado por una comisión compuesta de los señores Thompson y Barros.

El que suscribe tuvo que hacer un viaje al sur de Buenos Aires, y presentó a la Asociación por conducto de su vicepresidente una carta y un programa. No bastaba reconocer y proclamar ciertos principios; era preciso aplicarlos o buscar con la luz de su criterio la solución de las principales cuestiones prácticas que envolvía la organización futura del país; sin esto toda nuestra labor era aérea, porque la piedra de toque de las doctrinas sociales es la aplicación práctica. Con ese fin el que suscribe presentó el programa de trabajos, o mejor, de cuestiones a resolver, que fue aprobado por la Asociación. Cada miembro escogió a su arbitrio una o dos cuestiones, y se comprometió a tratarlas y resolverlas del punto de vista práctico indicado arriba, con la obligación precisa, además, de hacer una reseña crítica de los anteceden- tes históricos que tuviese en el país el asunto que trataba, de extraer lo sustancial de ellos, y de fundar sobre esa base las teorías de mejora o de sustitución convenientes.

Así nuestro trabajo se eslabonaba a la tradición, la tomábamos como pun- to de partida, no repudiábamos el legado de nuestros padres ni anteceso- res; antes al contrario adoptábamos como legítima herencia las tradiciones progresivas de la revolución de Mayo con la mira de perfeccionarlas o com- plementarlas. No hacíamos lo que han hecho las facciones personales entre nosotros; destruir lo obrado por su enemigo, desconocerlo, y aniquilar así la tradición, y con ella todo germen de progreso, toda luz de criterio para discernir racionalmente el caos de nuestra vida social.

Ese programa redactado deprisa, en vísperas de irme al campo, que creo el primero y único entre nosotros, contenía, sin embargo, entre otras, las siguientes cuestiones capitales: la cuestión de la prensa. La cuestión de la soberanía del pueblo, del sufragio y de la democracia representativa. La del asiento y distribución del impuesto. La del banco y papel moneda. La del crédito público. La de la industria pastoril y agrícola. La de la emigración. La cuestión de las municipalidades y organización de la campaña. La de la policía. La del ejército de línea y milicia nacional. Además, desentrañar el espíritu de la prensa periódica revolucionaria. Bosquejar nuestra historia militar y parlamentaria. Hacer un examen crítico y comparativo de todas las constituciones y estatutos, tanto provinciales como nacionales. Determinar los caracteres de la verdadera gloria y qué es lo que constituye al grande hombre; asunto que diseñó a grandes rasgos el que suscribe en la redac- ción del dogma.

El punto de arranque, como decíamos entonces, para el deslinde de estas cuestiones debe ser nuestras leyes, nuestras costumbres, nuestro estado social; determinar primero lo que somos, y aplicando los principios, buscar lo que debemos ser, hacia qué punto debemos gradualmente encaminar- nos. Mostrar enseguida la práctica de las naciones cultas cuyo estado social sea más análogo al nuestro y confrontar siempre los hechos con la teoría o la doctrina de los publicistas más adelantados. No salir del terreno práctico, no perderse en abstracciones; tener siempre clavado el ojo de la inteligencia en las entrañas de nuestra sociedad...

III

A los veinte días regresó el que suscribe del campo, y poco después presentó a sus compañeros la redacción que le habían encomendado. La aprobaron en todas sus partes, y se invirtió una noche en leerla ante la Asociación, entonces algo más numerosa que al principio. Después de su lectura, a petición del que suscribe, se resolvió considerar y discutir por partes el dogma, porque importaba que todos los miembros le diesen su asentimiento meditado y racional para que él no fuese sino la expresión formulada del pensamiento de todos. Y lo era en efecto; solo se vanagloria el que suscribe de haber sido, por fortuna, el intérprete y órgano de ese pensamiento, y tomado oportunamente la iniciativa de su manifestación solemne.

La redacción de esta obra presentaba en aquella época dificultades gravísimas. Como instrumento de propaganda, debía ser inteligible a todos.

En pequeño espacio, abarcar los fundamentos o principios de todo un sistema social.

La legitimidad de su origen, su condición de vida, vincularse en su unidad y en su nacionalidad.

Debía, en suma, ser un credo, una bandera y un programa.

Pero reducido a fórmulas precisas y dogmáticas, o a la forma de una declaración de principios ¿no hubiera sido ininteligible u oscuro para la mayor parte de nuestros lectores?

Se creyó por esto, mejor, formular y explicar racionalmente algunos puntos; no era para los doctores, que todo lo saben; era para el pueblo, para nuestro pueblo.

La palabra progreso no se había explicado entre nosotros. Pocos sospechaban que el progreso es la ley de desarrollo y el fin necesario de toda sociedad libre; y que Mayo fue la primera y grandiosa manifestación de que la sociedad argentina quería entrar en las vías del progreso.

Pero, cada pueblo, cada sociedad tiene sus leyes o condiciones peculiares de existencia, que resultan de sus costumbres, de su historia, de su estado social, de sus necesidades físicas, intelectuales y morales, de la naturaleza misma del suelo donde la providencia quiso que habitase y viviese perpetuamente.

En que un pueblo camine al desarrollo y ejercicio de su actividad con arreglo a esas condiciones peculiares de su existencia, consiste el progreso normal, el verdadero progreso.

En Mayo el pueblo argentino empezó a existir como pueblo. Su condición de ser experimentó entonces una transformación repentina. Como esclavo, estaba fuera de la ley del progreso; como libre, entró rehabilitado en ella. Cada hombre, emancipado del vasallaje, pudo ejercer la plenitud del derecho individual y social. La sociedad por el hecho de esa transformación debió empezar y empezó a experimentar nuevas necesidades, y a desarrollar su actividad libre, a progresar conforme a la ley de la providencia.

Hacer obrar a un pueblo en contra de las condiciones peculiares de su ser como pueblo libre es malgastar su actividad, es desviarlo del progreso, encaminarlo al retroceso.

En conocer esas condiciones y utilizarlas consiste la ciencia y el tino práctico del verdadero estadista.

Nosotros creíamos que unitarios y federales desconociendo o violando las condiciones peculiares de ser del pueblo argentino, habían llegado con diversos procederes al mismo fin; al aniquilamiento de la actividad nacional: los unitarios sacándola de quicio y malgastando su energía en el vacío; los federales sofocándola bajo el peso de un despotismo brutal; y unos y otros apelando a la guerra.

Creyendo esto, comprendíamos que era necesario trabajar por reanimar esa actividad y ponerla en la senda del verdadero progreso, mediante una organización que, si no imposibilitase la guerra, la hiciese al menos difícil.

El fundamento, pues, de nuestra doctrina resultaba de la condición peculiar de ser impuesta al pueblo argentino por la revolución de Mayo; el principio de unidad de nuestra teoría social del pensamiento de Mayo; la democracia.

No era ésta una invención (nada se inventa en política). Era una deducción lógica del estudio de lo pasado y una aplicación oportuna. Ése debió ser y fue nuestro punto de partida en la redacción del dogma.

Queríamos entonces como ahora la democracia como tradición, como principio y como institución.

La democracia como tradición, es Mayo, progreso continuo.

La democracia como principio, la fraternidad, la igualdad y la libertad.

La democracia como institución conservatriz del principio, el sufragio y la representación en el distrito municipal, en el departamento, en la provincia, en la república.

Queríamos, además, como instituciones emergentes, la democracia en la enseñanza, y por medio de ella en la familia; la democracia en la industria y la propiedad raíz; en la distribución y retribución del trabajo; en el asiento y repartición del impuesto; en la organización de la milicia nacional; en el orden jerárquico de las capacidades; en suma, en todo el movimiento intelectual, moral y material de la sociedad argentina.

Queríamos que la vida social y civilizada saliese de las ciudades capitales, se desparramase por todo el país, tomase asiento en los lugares y villas, en los distritos y departamentos; descentralizar el poder, arrancárselo a los tiranos y usurpadores, para entregárselo a su legítimo dueño, al pueblo.

Queríamos que el pueblo no fuese como había sido hasta entonces, un instrumento material del lucro y poderío para los caudillos y mandones, un pretexto, un nombre vano invocado por todos los partidos para cohonestar y solapar ambiciones personales, sino lo que debía ser, lo que quiso que fuese la revolución de Mayo, el principio y fin de todo. Y por pueblo entendemos hoy como entonces, socialmente hablando, la universalidad de los habitantes del país; políticamente hablando, la universalidad de los ciudadanos; porque no todo habitante es ciudadano, y la ciudadanía proviene de la institución democrática.

Queríamos, en suma, que la democracia argentina se desarrollase y marchase gradualmente a la perfección por una serie de progresos normales, hasta constituirse en el tiempo con el carácter peculiar de democracia argentina. Antes de la revolución todo estaba reconcentrado en el poder público. El pueblo no pensaba ni obraba sin el permiso o beneplácito de sus mandones: de ahí sus hábitos de inercia. Después de la revolución el gobierno se estableció bajo el mismo pie del colonial; el pueblo soberano no supo hacer uso de su libertad, dejó hacer al poder y nada hizo por sí para su bien: esto era natural; los gobiernos debieron educarlo, estimularlo a obrar sacudiendo su pereza.

Nosotros queríamos, pues, que el pueblo pensase y obrase por sí, que se acostumbrase poco a poco a vivir colectivamente, a tomar parte en los intereses de su localidad comunes a todos, que palpase allí las ventajas del orden, de la paz y del trabajo común; encaminado a un fin común. Queríamos formarle en el partido una patria en pequeño, para que pudiese más fácilmente hacerse idea de la grande abstracción de la patria nacional; por eso invocamos: democracia.

La manía de gobernar por una parte, y la indolencia real y la supuesta incapacidad del pueblo por otra, nos habían conducido gradualmente a una centralización monstruosa, contraria al pensamiento democrático de Mayo, que absorbe y aniquila toda la actividad nacional, al despotismo de Rosas.

Concebíamos por esto en la futura organización la necesidad de descentralizarlo todo, de arrancar al poder sus usurpaciones graduales, de rehabilitar al pueblo en los derechos que conquistó en Mayo; y de constituir con ese fin en cada partido un centro de acción administrativa y gubernativa, que eslabonándose a los demás, imprimiese vida potente y uniforme a la asociación nacional, gobernada por un poder central.

Se ve, pues, que caminábamos a la unidad, pero por diversa senda que los federales y unitarios. No a la unidad de forma del unitarismo, ni a la despótica del federalismo, sino a la unidad intrínseca, animada, que proviene de la concentración y acción de las capacidades físicas y morales de todos los miembros de la asociación política.

IV

El examen y discusión del Dogma, nos ocupó varias sesiones. Ninguna modificación sustancial se hizo en él, y solo se eliminaron dos o tres frases. Lucieron en ella los señores Alberdi, Gutiérrez, Tejedor, Frías, Peña (Jacinto), Irigoyen, López, etc.

Quedó sancionado en todas sus partes por unanimidad, y se resolvió mandarlo imprimir en Montevideo para desparramarlo después por toda la república.

Diremos algo sobre los puntos controvertidos en la discusión.

Opinaron algunos que nada se hablase de religión, otros invocaron la filosofía.

Las cuestiones religiosas, generalmente interesan muy poco a nuestros pensadores, y cuanto más les arrancan una sonrisa de ironía: error heredado por algunos de nuestros amigos. Así se ha desvirtuado y desnaturalizado en nuestro país poco a poco el sentimiento religioso. No se ha levantado durante la revolución una voz que lo fomente o lo ilumine. Así las costumbres sencillas de nuestros padres se han pervertido; todas las nociones morales se han trastornado en la conciencia popular, y los instintos más depravados del corazón humano se han convertido en dogma. Así, en nuestra orgullosa suficiencia, hemos desechado el móvil más poderoso para moralizar y civilizar nuestras masas: no hay freno humano ni divino que contenga las pasiones desbocadas; y no nos ha quedado sino indiferencia estúpida, absurdas y nocivas supersticiones, y la práctica de un culto estéril, que solo sirve de diversión como un teatro, porque no encuentra fe en los corazones descreídos.

¿Creéis vosotros, que habéis estado en el poder, que si el sentimiento religioso se hubiera debidamente cultivado en nuestro país, ya que no se daba enseñanza al pueblo, Rosas lo habría depravado tan fácilmente, ni encontrado en él instrumentos tan dóciles para ese barbarismo antropófago que tanto infama el nombre argentino?

A vosotros, filósofos, podrá bastaros la filosofía; pero al pueblo, a nuestro pueblo, si le quitáis la religión ¿qué le dejáis? apetitos animales, pasiones sin freno; nada que lo consuele ni lo estimule a obrar bien. ¿Qué autoridad tendrá la moral ante sus ojos sin el sello divino de la sanción religiosa, cuando nada le habéis enseñado durante la revolución, sino a pisotear el derecho, la justicia y las leyes? ¿No os abisma esta consideración?.. Sin embargo, si ella no pesa en vuestro juicio echad la vista a la república Argentina, y veréis doquier escrita con sangre la prueba de lo que digo: el degüello y la expoliación forman allí el derecho común.

La Iglesia argentina ha estado en incomunicación con Roma hasta el año 30. La revolución la emancipó de hecho; pero el clero, alistándose en la bandera de Mayo, echó en el olvido su misión evangélica. No comprendió que el modo de servirla eficazmente era sembrando en la conciencia del pueblo la semilla de regeneración moral e intelectual, el Evangelio.

Verdad es que muchas veces su palabra sirvió a los intereses de la independencia patria; pero pudo ser más útil, más fecunda, evangelizando la multitud, robusteciendo el sentimiento religioso, predicando fraternidad, y santificando con el bautismo de la sanción religiosa, los dogmas democráticos de Mayo.

Rara vez en nuestras campañas, donde el desenfreno y la inmoralidad no hallaban coto, ni alcanzaba la acción de la ley, ni de la autoridad vacilante, se oyó la voz de los evangelizadores. Se mandaban siempre los más nulos e inmorales a apacentar la grey cristiana en los desiertos: los doctores se holgaban en las ciudades. En las festividades religiosas se daba todo al culto, y nada a la moral evangélica; y ese culto, incomprensible y mudo para corazones sin fe, no podía despertar sentimientos de piedad y veneración en la multitud.

Los sacerdotes de la ley habían desertado del santuario para adulterar con las pasiones mundanas, y la grey que les confió el señor se había extraviado.

La Iglesia, sin embargo, emancipada de hecho por la revolución, pudo constituirse en unidad bajo el patronato de nuestros gobiernos patrios, y emprender una propaganda de civilización y moral por nuestras campañas, en momentos en que no era fácil pensar en la enseñanza popular, ni podían sus habitantes, por no saber leer, recibirla sino por medio de la palabra viva del sacerdote.

No lo hizo. Los sacerdotes hallaron más agrado y provecho en los debates de la arena política. La tribuna vio con escándalo a esos tránsfugas de la cátedra del Espíritu Santo, debatiendo con calor sin igual cuestiones políticas, agravios de partido, pasiones e intereses terrestres; y últimamente, los ha visto predicar venganza y exterminio para congraciarse con el tirano de su patria.

Esto era natural, porque todo es lógico en la vida social. El clero renegó su misión evangélica; desapareció el prestigio que lo rodeaba a los ojos del pueblo, porque «¿cómo tendrán fe en la palabra del sacerdote, si él mismo no observa la ley?»; el fervor religioso se amortiguó en las conciencias; decayeron todas las creencias fundamentales del orden social; el desenfreno de las pasiones, la anarquía, fue nuestro estado normal; el despotismo bárbaro nació de sus entrañas; y la religión y el sacerdote han llegado a ser, por último, entre sus manos, dóciles y utilísimos instrumentos de tiranía y retroceso.

Hay algo más notable todavía. La Iglesia que no supo en tiempo asegurar su independencia del poder temporal, se dejó por último embozalar por Roma, y concedió, sin oposición alguna, al gobierno su sumisión al Episcopado, cuyo recuerdo apenas existía en la memoria de los argentinos.

El catolicismo jerárquico volvió a establecerse en la república.

¡Cosa singular! La revolución de Mayo, a nombre de la democracia, había allanado y nivelado todo.

La Iglesia argentina debió democratizarse y se democratizó, en efecto, por la fuerza de las cosas, no por su voluntad.

Rosas niveló, por último, a todo el mundo, para descollar él solo; pero antes que él asentara su nivel de plomo sobre todas las cabezas, la Iglesia argentina, bajo su patronato entonces (porque era gobernador), se hincaba a los pies de Roma y se sometía al pastor armado del báculo de san Pedro.

Esa rehabilitación de la jerarquía eclesiástica era muy notable, después de treinta años de revolución democrática. Bien la comprendo en la unidad y espíritu del catolicismo; pero también concibo, como en el orden político, realizable una organización democrática de la Iglesia argentina, fundada en la supremacía legítima de los mejores y más capaces, es decir, en el pensamiento de Mayo; y me abisma la inercia del clero tratándose de intereses suyos. Pero así, inhábil para sí propio, el clero ha ido cayendo poco a poco, hasta la degradación en que hoy le vemos en la república.

En vista de lo expuesto ¿cómo no hablar de religión en nuestro Dogma socialista? ¿No era caer en la aberración del partido unitario y federal, desconocer ese elemento importantísimo de sociabilidad y de progreso? ¿No era deber nuestro trabajar por la rehabilitación del cristianismo y del sacerdocio, cuando procurábamos, por medio de las creencias, atraer los ánimos a la concordia y la libertad?

Estas consideraciones explican el capítulo sobre religión.

Pedíamos con arreglo a la ley de la provincia de 12 de octubre de 1825, la más amplia libertad religiosa, porque considerábamos que la emigración extranjera debía traer al país infinitos elementos de progresos de que carece, y que era preciso estimularla por leyes protectoras.

Rechazábamos para ser lógicos, el pleonasmo político de la religión del Estado, proclamado en todas nuestras constituciones, como inconciliable y contradictorio con el principio de la libertad religiosa.

Queríamos la independencia de la sociedad religiosa y por consiguiente de la Iglesia, porque la veíamos instrumento dócil de barbarie y tiranía.

Deseábamos, por último, que el clero comprendiese su misión, se dejase de política, y pusiese mano a la obra santa de la regeneración moral e intelectual de nuestras masas populares, predicando el cristianismo.

V

Otro punto controvertido con calor en la discusión fue el del sufragio.

Empezaremos por sentar que el derecho de sufragio, diferente del derecho individual anterior a toda institución, es de origen constitucional, y que el legislador puede, por lo mismo, restringirlo, amplificarlo, darle la forma conveniente.

La ley de la provincia de Buenos Aires de 14 de agosto de 1821, concedía el derecho de sufragio a «todo hombre libre, natural del país o avecindado en él, desde la edad de veinte años, o antes si fuere emancipado».

Se pedía por algunos miembros de la Asociación el sufragio universal, sancionado por nuestras leyes. Se citaba en abono de esa opinión, la práctica de los Estados de la Unión Norteamericana.

En los Estados Unidos, y no en todos, sino en algunos con ciertas restricciones, podía hacerse esa concesión. Pero ¿cómo parangonar nuestro pueblo con aquél ni con ninguno donde existía esa institución? Sin embargo, ¡cosa increíble! la nuestra sobrepujaba en liberalismo a todas las vigentes en otros países; y no comprendemos la mente del legislador al dictar semejante ley, cuando se ensayaba por primera vez el sistema representativo entre nosotros, y se quería echar la planta de instituciones sólidas.

Lo diremos francamente. El vicio radical del sistema unitario, el que minó por el cimiento su edificio social, fue esa ley de elecciones, el sufragio universal.

El partido unitario desconoció completamente el elemento democrático en nuestro país. Aferrado en las teorías sociales de la Restauración en Francia, creyó que podría plantificar en él de un soplo instituciones representativas, y que la autoridad del gobierno bastaría para que ellas adquiriesen consistencia.

Reconociendo en principio la soberanía del pueblo, debió, sin duda, parecerle antilógico, no concederle amplio derecho de concurrir al único acto soberano (salvo el de la fuerza) en que un pueblo como el nuestro hace alarde de su soberanía. Pero acostumbrado a mirarlo en poco, se imaginó tal vez, que no haría uso, o no abusaría de ese derecho; y teniendo en sus manos el poder, tendría las elecciones y medios abundantes en todo caso para someterlo y gobernarlo, según sus miras, sanas sin duda, pero equivocadas.

Se engañó. La mayoría del pueblo a quien se otorgaba ese derecho, no sabía lo que era sufragio, ni a qué fin se encaminaba eso, ni se le daban tampoco medios de adquirir ese conocimiento. Sin embargo, lo citaban los tenientes alcaldes, y concurrían algunos a la mesa electoral, presentando una lista de candidatos que les daban: era la del gobierno.

Por supuesto, el gobierno en sus candidatos tendría en vista las teorías arriba dichas. Era obvio que debía ser representada la propiedad raíz, la inmueble, la mercantil, la industrial, la intelectual, que estaba en la cabeza de los doctores y de los clérigos por privilegio exclusivo heredado de la colonia; y como en las otras clases había pocos hombres hábiles para el caso, la sanción oficial los habilitaba de capacidad para la representación en virtud de su dinero, como había habilitado a todo el mundo de aptitud para el sufragio. Así surgieron de la oscuridad una porción de nulidades, verdaderos ripios o excrecencias políticas, que no han servido sino para embarazar o trastornar el movimiento regular de la máquina social, y que se han perpetuado hasta hoy en la Sala de Representantes.

Se ve, pues, todo era una ficción; la base del sistema estaba apoyada sobre ella. Una tercera parte del pueblo no votaba, otra no sabía por qué ni para qué votaba, otra debe presumirse que lo sabía. Otro tanto sucedía en la Sala, donde los clérigos y doctores regenteaban. Bajo bellas formas se solapaba una mentira, y no sé que sobre una mentira farsaica pueda fundarse institución alguna, ni principio de legitimidad de poder incontrastable.

Tuvimos razón para decirlo. El partido unitario no tenía reglas locales de criterio socialista; desconoció el elemento democrático; lo buscó en las ciudades, estaba en las campañas. No supo organizarlo, y por lo mismo no supo gobernarlo. Faltándole esa base, todo su edificio social debió desplomarse, y se desplomó.

Estableció el sufragio universal para gobernar en forma por él; pero, en su suficiencia y en sus arranques aristocráticos, aparentó o creyó poder gobernar por el pueblo; y se perdió y perdió al país con la mayor buena fe del mundo.

No tuvo fe en el pueblo, en el ídolo que endiosaba y menospreciaba a un tiempo; y el ídolo en venganza dejó caer sobre él todo el peso de su omnipotencia, y lo aniquiló con su obra.

Su sistema electoral y representativo fue una verdadera fantasmagoría, que han sombreado con tintas demasiado horribles los desastres que de ella nacieron, y que sirvió maravillosamente a la inauguración del despotismo.

Rosas tuvo más tino. Echó mano del elemento democrático, lo explotó con destreza, se apoyó en su poder para cimentar la tiranía. Los unitarios pudieron hacer otro tanto para fundar el imperio de las leyes.

Ser grande en política, no es estar a la altura de la civilización del mundo, sino a la altura de las necesidades de su país.

Pero, volviendo al sufragio. La oposición empezó a disputar las elecciones y engrosó sus filas en la representación; no era difícil con semejante sistema electoral. Vino el Congreso y allí llevó sus candidatos, quienes trabajaron con suceso en la obra de su disolución, y se sentaron por fin triunfantes en la silla del poder.

La Ley de 14 de agosto había dado de sí sus consecuencias lógicas. Hecha para apoyar un sistema, contribuyó eficazmente a derribarlo.

La oposición federal siguió la misma táctica, empleando los mismos medios que sus antagonistas vencidos. Las nulidades que sacó a luz el partido unitario, continuaron alternando en las renovaciones de la Sala, y algunos clérigos más engrosaron su falange innoble.

El partido federal se encarnó al fin en Rosas por la muerte de Dorrego. No pudo haber discrepancia en cuanto a los sufragantes con respecto a los candidatos gubernativos.

Entró Balcarce al poder con el beneplácito de Rosas; los sufragantes fueron suyos sin oposición. Se rebeló Balcarce contra Rosas, hubo escisión entre los representantes y sufragantes y algún barullo sin consecuencia. Rosas andaba por los desiertos aguaitando la presa.

Cayó Balcarce al primer empuje, y entonces los sufragantes vinieron con sus picas a intimar a nombre de Rosas a los representantes, que habían caducado sus poderes legislativos.

Se formó por renovación una Sala Rosista. Los sufragantes fueron siempre del parecer del mandón. Volvieron a aparecer allí algunas de esas caras estúpidas y marmóreas que estaban como incrustadas en los bancos de la Sala desde su fundación.

Rosas quería la suma del poder, y los representantes se la dieron, aniquilándose a sí mismos, despedazando la ley por la cual existían como cuerpo deliberante; y el pueblo, los sufragantes, pusieron sin vacilar el sello de su legitimidad soberana sobre aquella sanción monstruosa de una turba de cobardes, de imbéciles y de traidores.

La Ley de 15 de agosto, el sufragio universal, dio de sí cuanto pudo dar, el suicidio del pueblo por sí mismo, la legitimación del despotismo.

El sistema representativo del año 21 devoró a sus padres y a sus hijos. Hace once años que Rosas, en castigo, lo puso a la vergüenza pública; y ahí se está sirviendo de escarnio a todo el mundo.

Y, sin embargo, no ha mucho que el señor editor de El Nacional (cuyas opiniones sobre otros puntos respetamos), para calmar los temores que pudieran tener algunos sobre el desquicio consiguiente a la caída de Rosas, aseguraba: que no había más que volver al programa del año 21. Nos aconsejaba, por lo visto, el retroceso ¡cómo si el país no hubiese vivido veinticinco años más! Y ¡qué vida! ¡Cómo si no existieran hombres que no conociesen la insuficiencia y mezquindad de ese programa y los posteriores, tanto en el orden administrativo como gubernativo, para su organización y régimen futuro! La raíz de todo sistema democrático es el sufragio. Cortad esa raíz, aniquilad el sufragio, y no hay pueblo ni instituciones populares: habrá cuanto más oligarquía, aristocracia, despotismo monárquico o republicano. Desquiciad, parodiad el sufragio, hallaréis una legitimidad ambigua y un poder vacilante, como en el sistema unitario. Ensanchad el sufragio en la monarquía representativa y daréis entrada al poder al elemento democrático. En Francia, después de julio, el censo electoral se disminuyó; la monarquía se democratizó un tanto: hay un partido que lucha hoy por democratizarla más.

La monarquía brasilera es la más democrática de las que existen. En la democracia norteamericana, en la helvética, el sufragio reviste un carácter peculiar; ¿por qué en la nuestra, sometida a condiciones propias de existencia, no sucedería lo mismo?

Se había ensanchado entre nosotros el sufragio hasta el extremo. Primero, sin conocer su poder, se mantuvo inerte, o se puso ciegamente en manos de los partidos; después, se salió de madre y todo lo trastornó. Era preciso, pues, refrenarlo, ponerle coto por una parte; hacerlo por otra efectivo, reanimarlo, para dar vida popular a la institución popular; para que el pueblo fuese por fin pueblo, como lo quiso Mayo.

Llegamos, por lo mismo, lógicamente, en el Dogma a esta fórmula: Todo para el pueblo, y por la razón del pueblo.

Concebíamos entonces una forma de institución del sufragio, que sin excluir a ninguno, utilizase a todos con arreglo a su capacidad para sufragar. El partido municipal podía ser centro de acción primitiva del sufragio, y pasando por dos o tres grados diferentes, llegar hasta la representación; o concediendo a la propiedad solamente el derecho de sufragio para representantes, el proletario llevaría temporariamente su voto a la urna municipal del partido.

No es éste lugar, ni tiempo oportuno de aventurar nada definitivo sobre este punto; no faltará ocasión de ventilarlo en todas sus fases. Basta lo dicho, para que se comprenda el sentido de nuestra fórmula, y todo lo expresado en el Dogma.

Sentíamos la necesidad de fijar una base, de tener un punto de arranque que nos llevase por una serie de progresos graduales a la perfección de la institución democrática.

Caminábamos a la democracia, es decir, a la igualdad de clases. «La igualdad de clases, dijimos, envuelve la libertad individual, la libertad civil y la libertad política: cuando todos los miembros de la Asociación estén en posesión plena y absoluta de estas libertades y ejerzan de mancomún la soberanía, la democracia se habrá definitivamente constituido sobre la base incontrastable de la igualdad de clases.» Caminábamos, pues, al sufragio universal.

VI

Sancionado nuestro Dogma con el carácter de provisorio, como vínculo de unión y como instrumento de propaganda; hecha la distribución de las cuestiones del programa entre los miembros de la Asociación, no eran ya necesarias frecuentes reuniones.

Sabíamos que Rosas tenía noticia de ellas, y que nos seguían la pista sus esbirros.

Precaucionalmente nos habíamos juntado en barrios diferentes, entrando y saliendo a intervalos, de dos en dos, para no excitar sospechas; pero nos habían sin duda atisbado. Dudaba tal vez Rosas del objeto de nuestras reuniones, las creyó literarias y nos dejaba hacer. Resolvimos no reunirnos, sino cuando el presidente por sí o por solicitud de algún miembro hiciese convocatoria.

La Francia estaba en entredicho con Rosas. La mazorca mostraba el cabo de sus puñales en las galerías mismas de la Sala de Representantes, y se oía doquier el murmullo de sus feroces y sarcásticos gruñidos. La habían azuzado y estaba rabiosa y hambrienta la jauría de dogos carniceros. La divisa, el luto por la Encarnación, el bigote, buscaban con la verga en mano, víctimas y siervos para estigmatizar. La vida en Buenos Aires se iba haciendo intolerable.

Algunos miembros de la Asociación se embarcaron para Montevideo, y entre ellos el señor Alberdi, trayendo el Dogma con la mira de hacerlo imprimir y desparramarlo.

El que suscribe se retiró a su estancia, porque creía que emigrar es inutilizarse para su país; y solo esperaba de él la revolución radical y regeneradora.

Si Rosas no fuera tan ignorante y tuviese un ápice de patriotismo en el alma, si hubiese comprendido su posición, habría en aquella época dado un puntapié a toda esa hedionda canalla de infames especuladores y de imbéciles beatos que lo rodea; habría llamado y patrocinado a la juventud, y puéstose a trabajar con ella en la obra de la organización nacional, o al menos en la de la provincia de Buenos Aires, que en concepto nuestro era sencillísima; porque no es tan difícil como se cree la política para los jóvenes, sobre todo, inteligentes. ¿No se han visto hábiles para la nuestra hasta los gauchos y los pulperos?

Hombre afortunado como ninguno, todo se le brindaba para acometer con éxito esa empresa. Su popularidad era indisputable; la juventud, la clase pudiente y hasta sus enemigos más acérrimos lo deseaban, lo esperaban, cuando empuñó la suma del poder; y se habrían reconciliado con él y ayudádole, viendo en su mano una bandera de fraternidad, de igualdad y de libertad.

Así, Rosas hubiera puesto a su país en la senda del verdadero progreso: habría sido venerado en él y fuera de él como el primer estadista de la América del Sur; y habría igualmente paralizado sin sangre ni desastres, toda tentativa de restauración unitaria. No lo hizo; fue un imbécil y un malvado. Ha preferido ser el minotauro de su país, la ignominia de América y el escándalo del mundo.

El Iniciador, en tanto, en Montevideo, fundado en abril de 1838 por los señores don Miguel Cané y don Andrés Lamas, y sostenido también por plumas jóvenes de Buenos Aires, había empezado a tocar algunas cuestiones de literatura, nuevas entre nosotros, y a batir ciertas preocupaciones clásicas. Hubo su alarma reaccionaria entre paredes.

Años antes en Buenos Aires, la poesía había tentado evolucionar por senda no trillada en nuestro país, y la literatura también en la «Moda» y otros papeles dado asomos de vida nueva.

Pero se concibe bien que la poesía y las letras no podían en aquella época calmar la ansiedad de la juventud, ni atraer mucho la atención de una sociedad preocupada de intereses tan positivos, trémula todavía por tan hondas agitaciones, incierta sobre su porvenir y sacudiéndose palpitante en las garras de su tirano. A esa causa debe atribuirse la timidez de sus ensayos, y es de presumir que los jóvenes que se ocuparon de letras, más lo hicieron por despecho y necesidad de acción mental, que por obedecer a un impulso propio o social.

No es éste el lugar de apreciar la importancia ni los progresos de esa evolución literaria. Basta a nuestro propósito hacer notar que la fermentación política y literaria estaba a un tiempo en la cabeza de la juventud argentina; y que solo Montevideo ofrecía asilo seguro al pensamiento proscripto de Buenos Aires.

Pero El Iniciador se avanzó a más. Publicó algunos artículos socialistas, donde la juventud reclamaba el puesto que le correspondía, y arrojaba algunas ideas sobre la diferencia de la labor intelectual de la generación anterior y de la nueva. La reacción se pronunció más claramente contra los innovadores... neófitos imberbes que pretendían asiento de vocales en el sinedrio de la política.

El asunto que ocupaba entonces los ánimos en ambas orillas del Plata, eran las diferencias entre Rosas y los agentes franceses.

El señor Alberdi promovió a su llegada a este pueblo, una asociación igual a la de Buenos Aires, a la cual se incorporaron los señores Cané, Mitre, Somellera (don Andrés) y Bermúdez.

El Iniciador en su último número publicó el Dogma de la joven generación y lo reprodujo El Nacional, que bajo la redacción de los señores Alberdi, Cané y Lamas, había entrado en noviembre del año 38 en la palestra política, y ventilado con suceso la cuestión de la guerra a Rosas, que declaró poco después el Gobierno Oriental.

A la aparición del Dogma se gritó «al cisma», «a la rebelión», primero; después se acudió a la ironía y al sarcasmo en los salones, donde hicieron fortuna algunas pullas y epítetos lanzados contra la juventud. Ni una palabra de estímulo, de aprobación por sus nobles esfuerzos, salió para ella de entre los hombres que entonces tenían el cetro del pensamiento en el Plata. Eran unos locos, unos románticos; estaban los jóvenes desheredados del sentido común, porque se segregaban espontáneamente de la comunión de los creyentes; porque tenían más fe en su fuerza y su porvenir, que en la restauración de cosas pasadas; porque querían emanciparse del tutelaje tradicional de la colonia y ejercer su derecho de hombres. En cuanto a la discusión pública, la evadieron; no creyeron, sin duda, competentes para ella a los innovadores.

¡Cosa singular! La juventud en Buenos Aires, rechazada por el despotismo bárbaro, encontraba en Montevideo (asilo de los proscriptos por Rosas), la reacción inofensiva, es cierto, pero no menos intratable, del exclusivismo sectario.

La Francia declaró bloqueada a Buenos Aires el 5 de mayo de 1838. En la República Argentina todos debieron ser de la opinión del Restaurador; sin embargo, Rosas apeló al pueblo, y los sufragantes en una serie interminable de pronunciamientos, con arreglo a la Ley del año 21, testimoniaron ante el mundo que Rosas tenía razón, y que había por parte de la Francia injuria y desafuero contra la soberanía nacional. Por supuesto, que la mayoría de los sufragantes no sabía en lo que consistía, ni lo que importaba esa lesión enorme del fuero nacional.

Casi todos los argentinos en Montevideo y a su frente el partido unitario, fueron del parecer de Rosas y de los sufragantes de Buenos Aires; y don Juan Cruz Varela formuló su pensamiento común sobre la cuestión, en los siguientes versos muy aplaudidos entonces, tanto en Montevideo como en Buenos Aires.

> ¡Ah! Si tu tirano supiese siquiera
> reprimir el vuelo de audacia extranjera
> ¡y vengar insultos que no vengará!...

Y luego hablando de nuestro río dice:

> Y hora extraña flota le doma, le oprime,
> tricolor bandera flamea sublime,
> ¡y la azul y blanca vencida cayó!...

El partido unitario quizá no veía que Rosas era la encarnación viva de ese instinto de localidad mezquino que no mira a los que están fuera de sus límites como hombres, sino como enemigos: que amurallado en su egoísmo, en sus arrebatos brutales, presume bastarse a sí mismo; que cierra la puerta a toda mejora de condición y de progreso por sustraerse a la comunicación con los demás hombres y pueblos; que si hospeda al extranjero en su casa, es como por favor y reservándose el derecho de imponerle las condiciones que quiera; no veía, en suma, que a nombre de ese instinto, Rosas había desapropiado y encarcelado a súbditos franceses, pretendiendo ejercer sobre ellos el derecho de vida y muerte que ejercía sobre sus compatriotas.

No veía tampoco que Rosas era el representante del principio colonial de aislamiento retrógrado, y marchaba a una contrarrevolución, no en beneficio de la España, sino de su despotismo, rehabilitando las preocupaciones, las tendencias, las leyes en que se apoyaba el régimen colonial; ni que era reaccionar contra Mayo, estar con Rosas en una cuestión resuelta veintiocho años antes por el principio revolucionario.

El partido unitario solo vio en el bloqueo abuso de la fuerza en pro de la injusticia, y un atentado contra la independencia nacional; y su patriotismo exclusivo se alarmó y desató en vociferaciones tremendas, como en Buenos Aires.

Pero los jóvenes redactores de El Nacional que profesaban diversas doctrinas; que creían que el género humano es una sola familia, y que nadie es extranjero en la patria universal, porque la ley cristiana de la fraternidad es el vínculo común de la familia humana, cuya patria es el universo; que hay alianza virtual entre todos los pueblos cristianos tratándose de propagar y defender los principios civilizadores, y que los emigrados argentinos debían considerarse, por lo mismo, aliados naturales de la Francia o de cualquier otro pueblo que quisiera unirse a ellos para combatir al despotismo bárbaro dominante en su patria; que había, además, comunidad de intereses entre la Francia y los patriotas argentinos, representantes legítimos de los verdaderos intereses del pueblo argentino oprimido; que Mayo echó por tierra la barrera que nos separaba de la comunión de los pueblos cultos, y nos puso en camino de fraternizar con todos; que, por último, por parte de la Francia estaba el derecho y la justicia; tuvieron el coraje de alzar solos la voz para abogar por la Francia y contra Rosas.

Se gritó «¡al escándalo! ¡a la traición!»; pero ellos prosiguieron sin arredrarse.

Debemos confesarlo. Las cuestiones internacionales sobre bloqueo, alianza, mediación, intervención europea en nuestros negocios, se ventilaron entonces con una lógica, una dignidad, una elevación y novedad de ideas desconocida en nuestra prensa periódica, y que no han igualado, en concepto nuestro, los que después han tratado esas cuestiones; y esa gloria pertenece exclusivamente a los jóvenes redactores de El Nacional.

No es fácil determinar hasta qué punto pudieron influir sus opiniones sobre el espíritu dominante en Montevideo; pero el hecho es que a poco tiempo todos los emigrados argentinos adhirieron a ellas, y que el general Lavalle se embarcó el 3 de julio de 1839 para Martín García en buques franceses.

VII

La fuerza de las cosas invirtió el primitivo plan de la Asociación. La revolución material contra Rosas estaba en pie, aliada a un poder extraño. Nuestro pensamiento fue llegar a ella después de una lenta predicación moral que produjese la unión de las voluntades y las fuerzas por medio del vínculo de un Dogma Socialista. Era preciso modificar el propósito, y marchar a la par de los sucesos supervivientes.

Los señores Alberdi y Cané continuaron en la redacción de la Revista del Plata y del Porvenir, propagando algunas doctrinas sociales, y considerando de un punto de vista nuevo, todas las cuestiones de actualidad que surgían. Su labor no fue infecunda. Hemos visto hasta en documentos oficiales de aquella época, manifestaciones clásicas de que ganaban terreno las nuevas doctrinas.

Entretanto, el señor Quiroga Rosas, miembro de la Asociación, se había retirado a San Juan, su país natal.

Allí, el señor don Domingo Sarmiento que consagraba a la enseñanza de la niñez facultades destinadas a lucir en esfera más alta, con la mira de oponer ese dique a la inundación de la barbarie, el señor don Benjamín Villafañe (tucumano), Rodríguez, Aberastain, Cortines, se adhirieron a nuestro credo, y formaron Asociación.

En Tucumán, por conducto del señor Villafañe, el doctor don Marco Avellaneda, don Brígido Silva y otros jóvenes hicieron otro tanto.

El señor don Vicente F. López, llegado a Córdoba en marzo del año 40, estableció allí una Asociación bajo los mismos reglamentos y Dogma que la de Buenos Aires, compuesta de los jóvenes doctores don Paulino Paz, don Enrique Rodríguez, don Avelino y don Ramón Ferreira y presidida por el doctor don Francisco Álvarez, juez de comercio. Esta Asociación se contrajo a preparar los elementos de la revolución que estalló en aquella ciudad el 10 de octubre del mismo año, por la cual resultó electo gobernador de la provincia el joven doctor Álvarez.

Debemos decirlo; en todos los puntos de la república donde se leyó el Dogma, se atrajo prosélitos ardientes, y hasta en Chile obtuvo asentimientos simpáticos esa manifestación del pensamiento socialista de una generación nueva. No se creía, sin duda, a la juventud argentina tan preparada y bien dispuesta.

¿Qué había, entre tanto, de nuevo en ese pensamiento? Lo diremos francamente; había la revelación formulada de lo que deseaban y esperaban para el país todos los patriotas sinceros; había los fundamentos de una doctrina social diferente de las anteriores, que tomando por regla de criterio única y legítima la tradición de Mayo, buscaba con ella la explicación de nuestros fenómenos sociales y la forma de organización adecuada para la república; había, en suma, explicadas y definidas, todas esas cosas, nuevas entonces y hoy vulgares, porque andan en boca de todos, como tradición de Mayo, progreso, asociación, fraternidad, igualdad, libertad, democracia, humanidad, sistema colonial y retrógrado, contrarrevolución, etc., sin que se tenga por los unos la generosidad de reconocer su origen primitivo, ni se guarde por la mayor parte memoria más que de las palabras.

Por esa facilidad con que todo se olvida entre nosotros, hemos llegado a dudar alguna vez, si la providencia negó a los hijos del Río de la Plata disposiciones para la educabilidad: lo que imposibilitaría todo progreso en el orden de las ideas, porque sin la facultad de educarse no hay como progresar en sentido alguno.

Pero reflexionando y observando bien hemos visto que olvidamos tan fácilmente las cosas por la frivolidad con que las miramos, y porque rara vez nos dejamos impresionar por ellas de modo que se graben de un modo indeleble en la memoria. Así se explica por qué desde el principio de la revolución andamos como mulas de atahona, girando en un círculo vicioso y nunca salimos del atolladero.

No hay principio, no hay idea, no hay doctrina que se haya encarnado como creencia en la conciencia popular, después de una predicación de treinta y cinco años. No hay cuestión ventilada y resuelta cien veces, que no hayan vuelto a poner en problema y discutir pésimamente los ignorantes y charlatanes sofistas. No hay tradición alguna progresiva que no borre un año de tiempo; y lo peor de todo es que no nos quedan al cabo ideas, sino palabrotas que repetimos a grito herido para hacer creer que las entendemos.

Así, salimos en Mayo del régimen colonial, para volver a la contrarrevolución encarnada en Rosas. Así, hemos gastado nuestra energía en ensayos de todo género, para volver a ensayar de nuevo lo olvidado; toda nuestra labor intelectual se ha gastado estérilmente, y no tenemos ni en política, ni en literatura, ni en ciencia, nada que nos pertenezca. Así, nunca salimos del cristo en materia alguna, porque no atesoramos lo aprendido; y el progreso moral o intelectual, si existe, solo es visible en algunas cabezas, que a fuerza de estudio y reflexión procuran perfeccionarse, para adquirir el desengaño amargo de la inutilidad de su ciencia.

Contribuyen a este mal, mucho en nuestro entender, la falta de buena fe unas veces, otras la incuria de nuestros pensadores y escritores, quienes debieran llevar el hilo tradicional de las ideas progresivas entre nosotros, y persuadirse que solo por medio de la asociación, de la labor inteligente y de la unidad de las doctrinas, lograremos educar, inocular creencias en la conciencia del pueblo.

Otras causas, además, obstan y dañan mucho a nuestra educabilidad: una, es esa candorosa y febril impaciencia con que nos imaginamos llegar como de un salto y sin trabajo ni rodeos al fin que nos proponemos; otra, la versatilidad de nuestro carácter, que nos lleva siempre a buscar lo nuevo y extasiarnos en su admiración, olvidando lo conocido.

La Europa, sin querer, fomenta y extravía a menudo esta última disposición, excelente para la educabilidad, cuando es bien dirigida. En cuanto a modas, comercio, y en general a todo lo que tienda a la mejora de nuestro bienestar, nada hay que decir; pero sus libros, sus teorías especulativas, contribuyen muchas veces a que no tome arraigo la buena semilla y a la confusión de las ideas; porque hacen vacilar o aniquilan la fe en verdades reconocidas, inoculan la duda y mantienen en estéril y perpetua agitación a los espíritus inquietos.

VIII

El general Lavalle, vencedor en el Yeruá, puso la planta en Corrientes. Allí el señor Thompson, redactando El Libertador, el señor don Félix Frías sirviendo de secretario al general Lavalle, llevaban su contingente de acción a la reacción contra Rosas y al servicio de las doctrinas que profesaban.

En Buenos Aires, los señores Tejedor, Peña (don Jacinto), Carrasco (don Benito), Lafuente (don Enrique), trabajaban con el infortunado Maza por la libertad de su patria, y después de grandes peligros iban al ejército libertador de Corrientes a empuñar un fusil y pelear como soldados.

Álvarez (don Francisco) después en Córdoba y Avellaneda, alma de la coalición del Norte, en Tucumán, levantaban la bandera de Mayo, como el símbolo santo del porvenir de la patria; el primero, para morir como un héroe en Angaco, y el segundo, para entregar al verdugo su cabeza de mártir en la plaza de Tucumán.

Bermúdez caía en Cayastá, y doquier se pelea contra Rosas, al lado de los proscriptos de todos los partidos, de los indómitos correntinos, se ven los jóvenes de la nueva generación, fraternizando con ellos por el amor a la patria, madre común de los argentinos.

Haremos notar aquí un fenómeno social sin ejemplo en la historia de pueblo alguno. Rosas, por medio de una bárbara y tenaz persecución, había aproximado en el destierro y puesto en la necesidad de reconciliarse, a los patriotas de todos los partidos. Un sentimiento común les hizo olvidar sus opiniones y resentimientos pasados, en unos el odio a Rosas, en otros el amor a la patria. Pero ese vínculo no era sobrado fuerte para anudar de un modo indisoluble voluntades tan disconformes; no era una creencia común capaz de producir fe común, concentración de poder y acuerdo simultáneo de acción. Por el menor contraste ese sentimiento se relajaba y aflojaba el vínculo de la unión; el amor propio ofendido, las aspiraciones personales, la divergencia de pareceres sobre la situación, producían entre ellos el desacuerdo, luego la dislocación, luego la impotencia y los desastres.

Los patriotas, además, contaban con inmensos elementos de poder, tanto en hombres, como en material de guerra; pero diseminados o reunidos en puntos muy distantes de la república; y a la falta de acuerdo moral entre ellos, se agregaba esa descentralización de fuerza inevitable.

Rosas, al contrario, luchaba y lucha con un poder compacto, centralizado por el terror, y por la fe en su estrella que tienen sus sostenedores. La lucha, pues, era desigual y los patriotas fueron vencidos.

Se han querido atribuir los desastres de las armas libertadoras a la incapacidad de sus jefes. No niego habrá influido alguna vez; pero pregunto ¿son acaso más hábiles los de Rosas? ¿Pueden sobrepujar en valor ni pericia sus generales y jefes, a los que han capitaneado las fuerzas libertadoras? ¿No se han visto en Corrientes, en Montevideo, donde quiera que ha habido completo acuerdo de voluntades, eclipsarse la estrella de Rosas y triunfar la bandera de Mayo?

Los jefes patriotas no podían producir un acuerdo de acción contrario a la naturaleza de las cosas que estaban por sí desunidas; y dudamos que el mismo Napoleón, con los elementos materiales y morales que ha tenido la revolución, hubiera podido hacer mucho más que ellos.

Por eso nosotros tenemos fe en Corrientes; ese pueblo gigante no tiene más que un corazón y una cabeza, y salvará a la república, si no está otra cosa en los designios de la Providencia. Además, el sentimiento de la patria, bastante por sí para concentrar el poder de un pueblo en una guerra nacional, no lo es en una guerra civil de pueblos como los nuestros, separados por inmensos desiertos, acostumbrados al aislamiento, y casi sin vínculos materiales ni morales de existencia común.

La patria, para el correntino, es Corrientes; para el cordobés, Córdoba; para el tucumano, Tucumán; para el porteño, Buenos Aires; para el gaucho, el pago en que nació. La vida e intereses comunes que envuelve el sentimiento racional de la patria es una abstracción incomprensible para ellos, y no pueden ver la unidad de la república simbolizada en su nombre. Existía, pues, ese otro principio de desacuerdo y relajación en los elementos revolucionarios.

Solo de dos modos pudo, en concepto nuestro, surgir la unidad omnipotente y salvadora: uno, por la propagación de un Dogma formulado, que absorbiese todas las opiniones y satisficiese todas las necesidades de la nación; pero este medio, que la Asociación quiso emplear, no era adaptable ya, cuando cada hombre empuñaba un arma, y preocupaba a todos la acción: otro, tomando la iniciativa en los ejércitos y negocios políticos, los mejores, más capaces, con acuerdo previo de los interesados. Así, hubieran surgido tal vez hombres que, adoptando un sistema francamente revolucionario, y sometiéndolo todo a la irresistible ley de la necesidad, nos hubiesen dado el triunfo y la salvación de la patria. Así quedaban satisfechas las ambiciones individuales, y las diversas opiniones de los opositores a Rosas entraban sucesivamente a ejercer influencia en la dirección de la guerra y de la política. Pero el espíritu de algunos hombres influyentes, preocupado de no sé qué teorías de centralismo caduco, infatuado de suficiencia, no se atemperó a esto; y no poca influencia han tenido sus aberraciones en el mal éxito de las empresas revolucionarias.

Las batallas de Famaillá y del Rodeo del Medio dieron fin a esa serie de combates heroicos y de inauditos desastres, en que agotaron sus recursos y su indómita pujanza los ejércitos libertadores.

Chile y Bolivia hospedaron a los dispersos. Allí, la juventud argentina no se dio al ocio; dejó las armas y tomó la pluma para combatir a Rosas, y mover las simpatías de esos pueblos en favor de la causa de la libertad y del progreso, empeñada en su patria en una lucha de muerte contra el principio bárbaro y despótico, que amenazaba desbordarse como una inundación para ahogar la simiente fecunda de la revolución americana.

La prensa de Chile se reanimó en sus manos, y empezó y continúa derramando destellos de luz desconocidos sobre infinitas cuestiones sociales y literarias, con un vigor de estilo y una novedad de concepto, que la ha hecho notable en el exterior y ha debido dar una alta idea de la ilustración de ese pueblo.

Pero allí también esperaba a los apóstoles del progreso la reacción retrógrada; porque en Chile, como Buenos Aires, Montevideo y toda la América del Sur, tienen honda raíz todavía las preocupaciones coloniales. Allí también los tildaron de extranjeros, de románticos, y el sarcasmo irónico les mostró su ponzoñoso diente; sin embargo, ellos, fieles a su misión, combatieron, como los soldados argentinos en otro tiempo, y han sostenido hasta hoy con lustre y dignidad su bandera progresista. Los hijos no han degenerado de los padres en la nueva cruzada de emancipación intelectual allende los Andes.

Nos es grato observar que todos los jóvenes que se han distinguido en la prensa chilena y boliviana, excepto el señor Sarmiento que se incorporó después, son miembros de la Asociación formada en Buenos Aires el año 37.

Mencionaremos: el señor Frías, secretario del señor general Lavalle durante toda su campaña, redactó en Sucre El Fénix Boliviano; pasó después a Chile, donde trabajó algún tiempo en El Mercurio de Valparaíso y publicó un interesante folleto, titulado El Cristianismo católico. Hoy Cónsul de Bolivia en Santiago, ha dado a luz una memoria sobre la navegación de los ríos, que le ha valido aplausos generales, tanto en Chile y Bolivia, como en el Río de la Plata.

El señor Sarmiento, a su llegada a Chile el año 40, empezó a trabajar en El Mercurio. Después en Santiago estableció, asociado al señor López, un liceo de enseñanza, que cayó al empuje de la reacción retrógrada. Fundó en noviembre del 43 El Progreso, en cuya redacción le ayudó algún tiempo el señor López, y lo sostuvo hasta octubre del año 45. Solo hemos visto de ese periódico una serie de artículos sobre una ley de Nicaragua relativa a extranjeros, cuyo mérito ha hecho resaltar poco ha El Correo del Brasil. Dio a luz en aquel tiempo una memoria sobre la ortografía castellana, donde expone los fundamentos de su reforma ortográfica, adoptada en parte por la Universidad de Chile, y bate con una audacia de lógica irresistible la rancia ilustración española, sus libros, sus preocupaciones, cuanta mala semilla dejó plantada en el suelo americano. Esta memoria le atrajo una larga polémica reaccionaria, que sostuvo con un calor y habilidad suma.

Pero los apuntes biográficos de Fr. Aldao, y la vida de Juan Facundo Quiroga, son en concepto nuestro, lo más completo y original que haya salido de la pluma de los jóvenes proscriptos argentinos. No dudamos que estas obras serán especialmente estimadas en el extranjero, por cuanto revelan el mecanismo orgánico de nuestra sociabilidad y dan la clave para la explicación de nuestros fenómenos sociales, tan incomprensibles en Europa.

El señor Sarmiento descubre, además, en la vida de Quiroga, buenas dotes de historiador; sagacidad para rastrear los hechos y percibir su ilación lógica; facultad sintética para abarcarlos, compararlos y deducir sus consecuencias necesarias; método de exposición dramático; estilo animado, pintoresco, lleno de vigor, frescura y novedad: hay, en suma, en esa obra y la sobre Aldao, mucha observación y bellísimos cuadros diseñados con las tintas de la inspiración poética. Notamos, sin embargo, un vacío en la obra del señor Sarmiento sobre Quiroga; la hallamos poco dogmática. Mucho hay en ella que aprender para los espíritus reflexivos; pero hubiéramos deseado que el autor formulase su pensamiento político para el porvenir e hiciese a todos palpables las lecciones que encierra ese bosquejo animado que nos presenta de nuestra historia.

Además de éstas, el señor Sarmiento ha publicado una memoria sobre geografía americana, y algunos opúsculos sobre enseñanza primaria, ramo en que ha llegado a ser una especialidad, quizá sin cotejo en la América del Sur, a fuerza de estudio y observación práctica. Los principales son, un silabario que trabajó por encargo del gobierno de Chile para las escuelas de la república, y un examen de los métodos de lectura, trabajo de análisis excelente, en que después de desmenuzar y comparar los métodos conocidos, funda sobre ellos la teoría de las mejoras que ha introducido en su silabario.

Merced a sus conocimientos profundos y a sus servicios en la enseñanza, el señor Sarmiento tuvo la honra de ser nombrado miembro fundador de la Universidad de Chile y director de la Escuela Normal; y últimamente fue enviado por el gobierno de aquella república en comisión a Europa con el objeto de tomar informaciones completas sobre el estado de la enseñanza primaria allí y en los Estados Unidos. Mucho debemos esperar los argentinos del viaje del señor Sarmiento.

El señor López, redactor algún tiempo de la Gaceta y de la Revista mensual de Valparaíso, y asociado al señor Sarmiento en la de El Heraldo Argentino y de El Progreso, ha publicado algunos opúsculos sobre literatura y política.

Solo hemos leído de su pluma un Manual de la historia de Chile, excelente por el estilo, la claridad y el método, cuya adquisición hizo el gobierno, en virtud de informe de la universidad, por hallarlo muy adecuado para las escuelas; un curso de Bellas Letras, obra utilísima para la juventud, que ha encontrado merecida aceptación en Chile, Bolivia y el Río de la Plata, y que revela en el señor López facultades analíticas y sintéticas poco comunes entre nosotros; no conocemos ninguna obra escrita en nuestro idioma sobre la materia que pueda parangonarse con la suya; y por último, una memoria leída en la Universidad de Chile para obtener el grado de licenciado, «sobre los resultados generales con que los pueblos antiguos han contribuido a la civilización de la humanidad», sagaz y profundo esbozo de filosofía histórica, trazado con tintas vigorosas, a la manera de Turgot y de Condorcet.

Sabemos, además, que el señor López se ocupa de una historia de nuestra revolución; y a juzgar por algunos prolegómenos de ella que hemos leído en El Progreso, podemos felicitarle de antemano por tan grande y difícil empresa. Agregaremos, que el señor López ha merecido la distinción, singular para un extranjero, de ser elegido miembro de la Universidad de Chile, por muerte del joven Bello.

El señor Tejedor, redactor de El Progreso desde la separación del señor Sarmiento, ha publicado en él, según nos informan, unos treinta y tantos artículos sobre la Iglesia y el Estado, remarcables por el estilo y el pensamiento. Hicieron tal impresión en Chile, que muchas personas notables promovieron una suscripción para reimprimirlos, a lo que no accedió el autor por motivos que nos son desconocidos.

El señor Demetrio Peña, redactor actual de El Mercurio, ha ventilado con lucidez y novedad algunas cuestiones internacionales sobre el matrimonio y echado viva luz sobre la del comercio trasandino.

El señor Alberdi se dio a conocer muy joven en el Río de la Plata por la publicación en Buenos Aires de su Introducción a la filosofía del derecho. En La Moda después, bajo el seudónimo Figarillo, nos hizo esperar un Larra americano. Mucho sentimos que el señor Alberdi haya abandonado completamente esa forma de manifestación de su pensamiento, tal vez la más eficaz y provechosa en estos países. Ya hemos dicho la parte conspicua que tuvo en la redacción de El Nacional, de la Revista del Plata y de El Porvenir, cuya principal colaboración estuvo a su cargo. Posteriormente trabajó en El Corsario, y escribió en El Talismán y otros periódicos, muchos artículos.

Pero la forma del periódico no bastaba a la expansión de su inteligencia, ni podían tampoco absorberla las tareas del foro: debimos entonces a su pluma, siempre original, un cuadro histórico dramático muy al vivo de la revolución del 25 de Mayo; y El gigante Amapolas, sátira picante donde pone en ridículo a los visionarios tímidos, que imaginan colosal y omnipotente el poder de Rosas.

El señor Alberdi reaparece escritor en Chile, bate a Rosas con la sátira y el raciocinio en brillantes artículos que ha reproducido la prensa de Montevideo, aboga en una causa criminal ruidosa y adquiere fama de jurisconsulto; publica su viaje a Italia; y nos da, por último, un manual de la legislación de la prensa en Chile, trabajo serio de jurista, que ha sido debidamente apreciado en el comercio del Plata por otro jurista distinguido.

Existen, sin embargo, prevenciones en el Río de la Plata contra el señor Alberdi. Ha cometido, dicen, errores: ¿quién no ha errado entre nosotros? ¿Pueden los que le acusan parangonarse con él como escritores, ni mostrar una frente sin mancha cual la suya? Con su talento singular para la polémica, en el ardor del ataque y de la defensa, cuando creía defender la justicia y la verdad, pudo extraviarse alguna vez; pero eso mismo prueba lo sincero de su culto a la patria, y a los dogmas que juzgaba salvadores para ella.

A una facultad analítica sin cotejo entre nosotros, el señor Alberdi reúne la potencia metafísica que generaliza y abarca las más remotas ramificaciones de una materia: solo le ha faltado, como a muchos de nuestros jóvenes proscriptos, para producir obras de larga tarea, el reposo de ánimo y los estímulos de la patria. Infatigable apóstol del progreso, ha combatido siempre en primera línea por él, y no dudamos que sus escritos, cuando cese la guerra y se calmen las pasiones que hoy nos dividen, darán ilustración literaria a la patria de los argentinos.

El señor Gutiérrez es el primero que haya llevado entre nosotros a la crítica literaria, el buen gusto que nace del sentimiento de lo bello y del conocimiento de las buenas doctrinas. Laureado en el certamen del 25 de mayo del año 42 en Montevideo, todo el concurso le proclamó poeta; y como para legitimar nuevamente la nobleza de su prosapia, puso después su nombre al pie de bellísimas inspiraciones en El Tirteo, periódico en verso que redactó asociado al señor Rivera Indarte.

Hoy en Chile, en los ratos que le dejan desocupados arduas tareas de enseñanza, el señor Gutiérrez se ocupa de hacer una publicación con el título de «América Poética», donde todos los vates americanos se darán por primera vez la mano y fraternizarán por la inspiración y el sentimiento entrañable del amor a la patria.

El señor Domínguez, que tuvo el accésit en el certamen del año 42, ha sostenido después con bellas composiciones su merecido nombre.

El señor Mitre, artillero científico, soldado en Cagancha y en el sitio de Montevideo, ha adquirido, aunque muy joven, títulos bastantes como prosador y poeta. Su musa se distingue de las contemporáneas por la franqueza varonil de sus movimientos, y por cierto temple de voz marcial, que nos recuerda la entonación robusta de Calímaco y de Tirteo. Se ocupa actualmente de trabajos históricos que le granjearán, sin duda, nuevos lauros.

Debemos también hacer mención del señor Villafañe, secretario del general Madrid, y del doctor don Avelino Ferreira; profesor el primero de historia y geografía en la Universidad de Sucre y el segundo de matemáticas; el doctor don Paulino Paz, quien después de haber sido peligrosamente herido en las provincias del norte, ejerce hoy la abogacía en Tupiza, y por último, el doctor don Enrique Rodríguez, el abogado de más crédito existente hoy en Copiapó; jóvenes patriotas cordobeses, promotores con Álvarez de la revolución de Córdoba el año 40.

Pero seríamos injustos, si al hacer esta rápida reseña del trabajo de la inteligencia argentina en el tiempo transcurrido desde el año 37, echásemos en el olvido algunos escritores, que aunque no profesan nuestras doctrinas, se han distinguido por su devoción a la patria y por su perseverancia en la lucha contra Rosas. Son muy conocidos un folleto sobre la cuestión francesa y algunos artículos de actualidad publicados en El Nacional por el doctor don Florencio Varela. En ellos se nota el conocimiento minucioso de los sucesos contemporáneos, el estilo claro, preciso, la dignidad y elevación del pensamiento que lo distinguen como escritor. Posteriormente en El Comercio del Plata, cuya redacción le pertenece exclusivamente, ha tratado con mucho seso cuestiones mercantiles, conexas con la intervención anglo-francesa y con la capital de la navegación de nuestros ríos.

El malogrado don José Rivera Indarte hizo con constancia indomable cinco años la guerra al tirano de su patria. Solo la muerte pudo arrancar de su mano la enérgica pluma con que El Nacional acusaba ante el mundo al exterminador de los argentinos. La Europa lo oyó, aunque tarde, cuando caía exánime bajo el peso de las fatigas, como al pie de sus banderas el valiente soldado.

El señor don Francisco Wright, en sus «Apuntes históricos sobre el sitio de Montevideo», y en la redacción de El Nacional, ha mostrado un conocimiento raro en materias económicas y presentado consideraciones nuevas sobre las ventajas que traería al comercio y a la industria del país la libre navegación de nuestros ríos, la emigración europea, y la más amplia protección al extranjero.

El señor don José Mármol se atrajo temprano la atención pública como poeta. Los concurrentes al certamen del año 41 saludaron por primera vez, con vivas aclamaciones, la joven lira que ha sabido después herir con tan hondas y peregrinas vibraciones la noble cuerda del patriotismo.

Su musa, reflexiva y entusiasta, descuella entre las coetáneas por la originalidad y el nervio de la expresión: Rosas, la patria y la libertad, tienen en su labio yo no sé qué mágica potencia.

Ha puesto también en escena dos dramas: «El Poeta» y «El Cruzado», que obtuvieron la sanción del pueblo. En ellos resalta el estro lírico y la viveza de colorido que caracterizan su pluma. Tenemos tan ventajosa idea de las facultades poéticas del señor Mármol, que no dudamos que su «Peregrino» sea, como nos dicen, una obra de primer orden, tanto por la pulidez artística de la labor, como por la intensidad y elevación del pensamiento. Desearíamos verlo cuanto antes impreso.

IX

Se ve, pues, la juventud argentina en la proscripción, obligada a ganar el pan con el sudor de su rostro, continuamente sobresaltada por los infortunios de su patria y por los suyos propios, hostigada y aún injuriada por preocupaciones locales y por el principio retrógrado; sin estímulo alguno, ni esperanza de galardón, ha trabajado, sin embargo, cuanto es dable por merecer bien de la patria y servir la causa del progreso. Ninguna desgracia, ningún contratiempo ha entibiado su devoción, ni quebrantado su constancia; y aunque en distinta arena, ha combatido sin cesar como los valientes patriotas con el fusil y la espada.

En Buenos Aires y en las campañas de los ejércitos libertadores, diezmada por el plomo y el cuchillo, reaparece en Corrientes y Montevideo peleando al lado de los patriotas que defienden la bandera de Mayo; o predica por la prensa los dogmas santificados con la sangre de innumerables mártires, alimentando con su palabra viva la fe en los corazones quebrantados por tan largos y dolorosos infortunios.

Ella, desde el año 37 ha sostenido, con una que otra excepción, por sí sola, el movimiento intelectual en el Plata; y a su labor perseverante se debe en gran parte la difusión de ese caudal de nociones políticas, literarias y económicas, etc., que circula entre el pueblo que lee y que hubiera en otro tiempo sido el patrimonio exclusivo de algunos hombres.

La prensa en sus manos, comparada con la de épocas anteriores, ha sufrido una transformación saludable, ganado inmensamente en moralidad, en elevación, en doctrina; el público, con su ejemplo, se ha acostumbrado a leer artículos bien pensados y bien escritos, y su gusto a este respecto se ha refinado tanto, que dudamos puedan medrar en adelante periodistas que no reúnan buen fondo doctrinario, o condiciones peculiares de estilo.

Sentimos, sin embargo, y debemos decirlo, que algunos de nuestros amigos no se hayan penetrado de la necesidad de salir de la senda trillada por sus antecesores, de abandonar de una vez esa incesante repetición de palabras que dicen mucho y nada, y no son el símbolo de una doctrina social, como principios, garantías, libertad, civilización, etc.; de considerar y resolver todas nuestras cuestiones sociales de un punto de vista único, a la luz del criterio de un solo dogma, y de concentrar su labor al fin del progreso normal de nuestra sociedad, según las condiciones peculiares de su existencia.

Hubiéramos deseado se penetrasen de la idea de que nosotros no podremos representar un partido político con pretensiones de nacionalidad, si no basamos nuestra síntesis social sobre fundamentos inmutables, y no damos pruebas incesantes de que la nuestra tiene un principio de vida más nacional y comprende mejor y de un modo más completo que las anteriores, las condiciones peculiares de ser y las necesidades vitales del pueblo argentino.

Hubiéramos querido que no olvidasen que el año 37 formulamos un Dogma, en el cual buscando la «fusión de todas las doctrinas progresivas en un centro unitario», llegamos a esta unidad generatriz y conservatriz, principio y fin de todo: la democracia, hija primogénita de Mayo y condición sine qua non del progreso normal de nuestro país y que entonces dijimos:

«Política, filosofía, religión, arte, ciencia, industria; toda la labor inteligente y material deberá encaminarse a fundar el imperio de la democracia.

»Política que tenga otra mira, no la queremos.

»Filosofía que no coopere a su desarrollo, la desechamos.

»Religión que no la sancione y la predique, no es la nuestra.

»Arte que no se anime de su espíritu y no sea la expresión de la vida individual y social, será infecundo.

»Ciencia que no la ilumine, inoportuna.

»Industria que no tienda a emancipar las masas y elevarlas a la igualdad, sino a concentrar la riqueza en pocas manos, la abominamos.»

Para nosotros, pues (si nos es dado citarnos), «no puede haber, no debe haber sino un móvil y un regulador, un principio y un fin, en todo y para todo: la democracia; fuera de ese símbolo santo, no hay salud»; ahí está la luz de criterio, el principio de certidumbre social para nosotros.

¿Qué nos importan las soluciones de la filosofía y de la política europea que no tiendan al fin que nosotros buscamos? ¿Acaso vivimos en aquel mundo? ¿Sería un buen ministro Guizot sentado en el fuerte de Buenos Aires, ni podría Leroux con toda su facultad metafísica explicar nuestros fenómenos sociales? ¿No es gastar la vida y el vigor de las facultades estérilmente, empeñarse en seguir el vuelo de esas especulaciones audaces? ¿No sería absurdo que cada uno de los utopistas europeos tuviese un representante entre nosotros? ¿Podríamos entendernos entonces mejor que lo hemos hecho hasta aquí? ¿Se entendían acaso en el Congreso, los unitarios a nombre de los publicistas de la Restauración francesa y Dorrego y su séquito a nombre de los Estados Unidos, mientras el pueblo embobado oía automáticamente sus brillantes y sofísticas discusiones, y el tigre de la Pampa cebaba con carne sus plebeyos cachorros? ¿Queda algo útil para el país, para la enseñanza del pueblo de todas esas teorías que no tienen raíz alguna en su vida? Si mañana cayese Rosas y nos llamase el poder, ¿podríamos desenvolvernos con ellas y ver claro en el caos de nuestras cosas? ¿Qué programa de porvenir presentaríamos que satisficiese las necesidades del país, sin un conocimiento completo de su modo de ser como pueblo?

En cuanto a ciencias especulativas y exactas, es indudable que debemos atenernos al trabajo europeo, porque no tenemos tiempo de especular, ni medios materiales de experiencia y observación de la naturaleza; pero en política no: nuestro mundo de observación y aplicación está aquí, lo palpamos, lo sentimos palpitar, podemos observarlo, estudiar su organismo y sus condiciones de vida; y la Europa poco puede ayudarnos en eso.

Estas consideraciones habrán asaltado cien veces el ánimo de nuestros amigos, y nos inclinamos a creer que el desacuerdo de tendencias que hemos notado en algunos de sus escritos, proviene de la posición violenta, excepcional en que nos hallamos, y de que han tenido por objeto satisfacer exigencias momentáneas.

Es un error grave y funesto, en nuestro entender, imaginarse que el partido unitario y el federal no existen porque el primero perdió el poder y el segundo quedó absorbido en la personalidad de Rosas. Esos partidos no han muerto, ni morirán jamás; porque representan dos tendencias legítimas, dos manifestaciones necesarias de la vida de nuestro país: el partido federal, el espíritu de localidad preocupado y ciego todavía; el partido unitario el centralismo, la unidad nacional. Dado caso que desapareciesen los hombres influyentes de esos partidos, vendrán otros representando las mismas tendencias, que trabajarán por hacerlas predominar como anteriormente y convulsionarán al país para llegar uno y otro al resultado que han obtenido.

La lógica de nuestra historia, pues, está pidiendo la existencia de un partido nuevo, cuya misión es adoptar lo que haya de legítimo en uno y otro partido, y consagrarse a encontrar la solución pacífica de todos nuestros problemas sociales con la clave de una síntesis alta, más nacional y más completa que la suya, que satisfaciendo todas las necesidades legítimas, las abrace y las funda en su unidad.

Ese partido nuevo no pueden representarlo sino las generaciones nuevas, y en concepto nuestro, nada útil harán por la patria, malgastarán su actividad sin fruto, si no entran con decisión y perseverancia en la única gloriosa vía que les señala el rastro mismo de los sucesos de nuestra historia.

Siempre nos ha parecido que nuestros problemas sociales son de suyo tan sencillos, que es excusado ocurrir a la filosofía europea para resolverlos; y que bastaría deducir del conocimiento de las condiciones de ser de nuestro país unas cuantas bases o reglas de criterio, para poder marchar desembarazados por la senda del verdadero progreso.

El problema fundamental del porvenir de la nación argentina, fue puesto por Mayo: la condición para resolverlo en tiempo, es el progreso: los medios están en la democracia, hija primogénita de Mayo: fuera de ahí, como lo dijimos antes, no hay sino caos, confusión, quimeras.

La fórmula única, definitiva, fundamental de nuestra existencia como pueblo libre es: Mayo, progreso, democracia.

Los tres términos de esta fórmula se engendran recíprocamente; se suponen el uno al otro; ellos contienen todo, explican todo: lo que somos, lo que hemos sido, lo que seremos.

Quitad a Mayo, dejad subsistente la contrarrevolución dominante hoy en la República Argentina, y no habrá pueblo argentino, ni asociación libre, destinada a progresar; no habrá democracia, sino despotismo.

¿Qué quiere decir Mayo? Emancipación, ejercicio de la actividad libre del pueblo argentino, progreso: ¿por qué medio? Por medio de la organización de la libertad, la fraternidad y la igualdad, por medio de la democracia.

Resolved el problema de organización y resolveréis el problema de Mayo.

Poneos en camino de encontrar esa solución y serviréis a la causa de la patria, la causa de Mayo y del progreso. Y advertid, que así como no hay sino un modo de ser, un modo de vida del pueblo argentino, no hay sino una solución adecuada para todas nuestras cuestiones, que consiste en hacer que la democracia argentina marche al desarrollo pacífico y normal de su actividad en todo género, hasta constituirse en el tiempo con el carácter peculiar de democracia argentina.

Fuera de ahí no hay sino incursiones a tientas, trabajo estéril, dañino: repetición fastidiosa de lo hecho en el transcurso de la revolución; volver a empezar con escombros un edificio que se ha venido abajo cien veces, para que vuelva a desplomarse y sofocar toda vida, toda actividad, todo progreso bajo sus ruinas.

Apelar a la autoridad de los pensadores europeos es introducir la anarquía, la confusión el embrollo en la solución de nuestras cuestiones; es hacer el oficio de abogados sofistas, que a falta de razones, andan a caza de leyes y comentos para apuntalar su causa: es confesar nuestra impotencia para comprender lo que somos. ¿No puede invocar cada uno una autoridad diferente y con principios opuestos? ¿No se ha hecho eso desde el principio de la revolución? ¿Y nos hemos entendido, ni nos entendemos en esta nueva torre de Babel? ¿Se ha llegado a solución ninguna satisfactoria que se haya convertido en realidad permanente? Rosas, en su Gaceta, ¿no hace años que presenta atestada de citas de autores clásicos la justificación de todos sus atentados? ¿No han hecho otro tanto sus enemigos, y fundado la legitimidad de su causa en las mismas autoridades que la Gaceta invoca? ¿Qué aprende el pueblo, qué utiliza? ¿Cómo verá la luz de la verdad en ese laberinto de argumentos autorizados, que se lanzan al rostro en la palestra los escritores de uno y otro partido?

Dejémonos, pues, de sofismas, de mentiras, de autoridades que no pueden ser irrecusables por lo mismo que ministran armas a opuestos contendores y sirven para apoyar a un tiempo la justicia y la injusticia: apelemos a la razón iluminada con el estudio, con el conocimiento de nuestras cosas, de nuestros intereses, de nuestras necesidades, de nuestra vida social y marchemos con la seguridad de hallar el camino franco y desembarazado de escollos; hagamos lo que hacen los políticos prácticos de todo el mundo.

X

Vosotros, patriotas argentinos, que andáis diez años hace con el arma al brazo rondando en torno de la guarida del minotauro de vuestro país ¿por qué peleáis? Por la patria. Bueno, pero Rosas y sus seides dicen también que pelean por la patria. ¿Quién será el juez, el árbitro entre nosotros? No hay otro sino Dios; y si sois vencidos, moriréis peleando o en el destierro con la mancha de rebeldes o de traidores.

Si no hay juez más que Dios, donde está la mayoría debe estar el derecho y la justicia, y por consiguiente la fuerza. Cierto. Luego los imparciales que juzguen en el mundo sobre vuestra contienda, dirán: con Rosas está la mayoría, y allí deben estar el derecho y la justicia y los verdaderos defensores de la patria: por eso es más fuerte. La deducción es lógica y seréis condenados a pesar de vuestra justicia.

¿Qué quiere decir esto? Quiere decir que Rosas y los suyos entienden por patria una cosa y vosotros otra? ¿Qué significa, pues, para vosotros la patria? ¿Es acaso el terreno donde nacisteis? Pero entre vosotros hay correntinos, porteños, tucumanos, entrerrianos, y cada uno peleará por su pedazo de tierra. Además, el hombre no es una planta, y dondequiera que encuentra aire, respira y vive. La tierra es tierra en todas partes, y dondequiera que vayáis, hallaréis un pedazo que poder cultivar, para alimentaros, y otro para el descanso de vuestros huesos.

Si la patria no es la tierra, ¿será acaso la familia? Pero si la tenéis ¿no podéis llevarla a vuestro lado y vivir y sufrir con ella? Y en caso de que no lo podáis, ¿no os queda el arbitrio de someteros a Rosas con tal de satisfacer el deseo de vivir en vuestra tierra al lado de vuestra familia? Sí. Luego la patria no es la tierra ni la familia.

¿Qué cosa será, pues, la patria? La libertad. ¡Ah! bueno; esto es más claro; vosotros peleáis por gozar del derecho de vivir en vuestra tierra al lado de vuestra familia como queráis, sin que nadie os incomode, ni os ultraje, ni os persiga; por trabajar sin traba alguna en la adquisición de vuestro bienestar; peleáis, en suma, porque vuestro yo individual recobre el señorío magnífico que en Mayo le regaló la Providencia y del cual Rosas os despojó violentamente.

Pero Rosas y los suyos también pretenden lo mismo, y vociferan: «Patria y libertad». ¿Qué quiere decir eso? Que ellos y vosotros entendéis de diverso modo la libertad, y por eso sois enemigos y no podéis aveniros a vivir juntos y gozar en común de ese derecho.

Rosas entiende por libertad, el predominio exclusivo de su yo o su voluntad. Otro tanto hacen sus seides y servidores, otro tanto han hecho en el transcurso de la revolución, las facciones que la han ensangrentado y extraviado; por eso si vais donde manda Rosas o los suyos, seréis esclavos o víctimas, porque ellos tienen el poder y vosotros sois débiles. Luego para que vayáis vosotros a gozar de la patria, es preciso que ellos salgan proscriptos o mueran; no hay remedio. La deducción es lógica: por eso les hacéis la guerra. Cierto. Luego no podéis tener patria ni libertad, sin cometer una grande injusticia, la misma de que sois víctimas y por la que peleáis contra Rosas; y si sois más justos que ellos o mejor, si sois justos, debéis renunciar a conseguir la patria y la libertad a precio de tamaña injusticia. Luego la libertad por sí sola tampoco es la patria.

Pero supongamos que os sometáis a Rosas, y vayáis a vuestra tierra a vivir voluntariamente como lo hacen los que allí están; y que estando allí, se os antoje usar de vuestro derecho de libertad como lo entendéis, de censurar de palabra o por escrito los actos de Rosas y sus seides, no poneros su divisa de sangre, pegar un bofetón al primer mazorquero que os ultraje u os grite unitarios, uniros para conspirar y arrojarlo del poder. ¿Qué sucederá? Que os matarán u os encarcelarán, si sois débiles, o que habrá lucha, guerra civil entre vosotros y los de Rosas, como ha habido entre las facciones durante la revolución; y que de resultas de esa guerra, los vencidos serán proscriptos, muertos u oprimidos nuevamente como en las épocas anteriores. Luego la libertad, no os dará patria, sino guerra o nueva proscripción: luego la libertad no es la patria.

¿Qué será, pues la patria? Pensadlo bien. ¿Cómo podréis encontrar esa patria por que peleáis; vivir en ella pacíficamente, unidos con esos hombres que ahora os persiguen, gozando todos ampliamente del derecho de libertad? Solo de un modo: fraternizando vosotros con ellos y ellos con vosotros; de lo contrario la guerra no acabará sino por el exterminio de unos u otros. ¿Y cómo fraternizaréis? Obligándoos en vuestra conciencia a no dañaros recíprocamente, a no hacer sino lo que las leyes mandan y ejercer vuestra libertad fuera de lo que ellas no vedan. ¿Y qué importa ese compromiso que contraeríais con vuestra propia conciencia? Importa un deber, una obligación que os imponéis. Luego la fraternidad es el deber: luego para gozar en vuestra patria el derecho de libertad, estáis en el deber de fraternizar con todos vuestros compatriotas; de no, habrá guerra civil y no tendréis patria ni libertad.

Y como ninguno es justo sea excluido de ese derecho, pues si alguno lo fuera se cometería injusticia con él, ni del cumplimiento de ese deber, pues se le otorgaría un privilegio dañoso a los demás, resulta que cada uno tendría participación igual de derecho y obligación, pero con arreglo a sus facultades, pues nadie da más de lo que tiene, ni participa sino de aquello que está en la esfera de su poder. Porque es bien claro, que si no tuviese cada uno esa participación igual, habría perjudicados en el derecho y privilegiados en el deber, y los perjudicados en el derecho se creerían también exonerados del deber; y por desagraviarse y restablecer el equilibrio, apelarían a la fuerza y habría guerra, y de resultas de la guerra, oprimidos y opresores, y no tendrían tampoco como vosotros ahora los oprimidos patria.

Luego la libertad y la fraternidad no pueden engendrar la patria, sino a condición de que exista entre todos vuestros compatriotas la más equitativa igualdad, en la fruición del derecho y en la participación y el cumplimiento del deber. Luego la libertad, la fraternidad y la igualdad son como el verbo engendrador de la patria.

Tenemos, pues, los tres términos primitivos que engendran la unidad de la patria; y para vosotros es una cosa clara, viva y palpable, la palabra patria.

Peleáis, pues, por ir a vivir en vuestra tierra, al lado de vuestra familia, gozando igualmente de vuestra libertad, en común con todos vuestros compatriotas que son vuestros hermanos.

Peleáis contra Rosas, porque él no quiere eso, y aterrando o engañando a la mayoría de vuestros compatriotas, los arrastra a la guerra y hace imposible la fraternidad de todos.

Peleáis por derribar a Rosas, porque él es el único obstáculo que se opone al reino de la libertad, de la fraternidad y de la igualdad en vuestra patria.

Peleáis, en suma, por un Dogma social.

Luego la causa que vosotros defendéis, es la justa, la legítima, la verdadera causa de la patria; y Rosas que pretende y vocifera defender la patria y la libertad, solo es un malvado hipócrita, porque, oponiéndose a la unión de los argentinos, quiere para sí solo y sus seides la libertad, con exclusión de los demás.

Luego de vuestra parte está el derecho y la justicia, y de parte de Rosas la mentira y la tiranía.

Luego la palabra patria representa para vosotros una idea social, o más bien, es el símbolo de un Dogma común a todos los patriotas argentinos.

Pero hay más; no basta que vosotros profeséis ese Dogma y derraméis vuestra sangre por él; debéis también desear y esperar, que si derribáis a Rosas, haya o se forme en vuestro país una organización social que os garantice y asegure el predominio de ese Dogma, para vosotros, vuestros hijos y posteridad; porque sin eso, volveréis vosotros o vuestros hijos a caer en la guerra civil que nos ha devorado desde Mayo, y no habrá patria.

La organización social ¿cómo se consigue? Por medio de leyes, de instituciones. ¿Pero en vuestro país había antes de Rosas instituciones? Cierto. ¿Por qué no rigen hoy? ¿Por qué no os aseguraron, cuando estaban vigentes, la fraternidad, la libertad y la igualdad, el predominio, en suma, del Dogma por que ahora peleáis? Claro está; porque no eran adecuadas para ello, o por mejor decir, porque eran incompletas o viciosas. Luego debéis apetecer instituciones completas (no aquellas que traían en sí mismas su principio de muerte) como condición indispensable para la organización en lo futuro del Dogma por que peláis.

¿Quién hará esas instituciones? Los representantes. ¿Quién nombrará los representantes? El pueblo. ¿Quién compondrá el pueblo? Vosotros y todos los argentinos que hoy están con Rosas. Luego, el pueblo realizará esas instituciones por el órgano de sus escogidos, o más bien, las formará una representación creada por el sufragio del pueblo mismo.

Luego, peleáis también por la rehabilitación del sufragio libre y de la representación en vuestra patria.

Peleáis por conseguir una organización social tal, que garantice a todos los argentinos por medio de instituciones convenientes, la libertad, la fraternidad y la igualdad, y que ponga a vuestra patria en la senda pacífica del verdadero progreso.

Peleáis, en suma, por la democracia de Mayo, y vuestra causa, no solo es legítima sino también santa a los ojos de Dios y de los pueblos libres del mundo.

Vosotros, pues, proscriptos argentinos, soldados de la patria, que peleáis en Corrientes, que vagáis por Bolivia y Chile, que acecháis al tirano en la tierra misma donde levanta su brazo exterminador, eso que no os han dicho unitarios ni federales, os lo decimos nosotros; ese Dogma que no os han enseñado desde el año 37, lo que predicamos nosotros.

Esos son los deseos, las esperanzas, las doctrinas, no ya como entonces de una generación entera, sino de infinitos proscriptos como vosotros, que a una voz os llaman a todos a la fraternidad, a la concordia, a la concentración de voluntades y de acción, bajo la bandera del Dogma de la democracia de Mayo; aquella bandera inmortal que hicieron tremolar vencedora nuestros padres desde el Plata al Chimborazo, cuando sonó el clarín de emancipación de la España.

A esa generación también la engañaron en otro tiempo los ignorantes y falsos profetas, y gritó alucinada como vosotros patria y libertad sin saber la significación de eso; pero aleccionada por el estudio, por la experiencia, por los trabajos, por sus errores y los ajenos, aprendió a buscar la verdad, desentrañando la razón de las cosas.

A esa generación debéis oírla, debéis creerla, porque no miente, ni ambiciona sino lo legítimo, tiene la tradición del pasado y atesora el legado del porvenir de la patria.

Esa generación que sufre como vosotros, que ha peleado y pelea a vuestro lado, tiene derecho a ser oída; porque busca como vosotros la patria, pero no la mentira de Rosas, ni de los tiempos pasados, sino la patria prometida por Mayo, la patria sostenida por la potente y uniforme voluntad del pueblo que la creó en Mayo; la patria grande, magnífica, nacional, que ampare a todos sus hijos, que les asegure el más amplio y libre ejercicio de sus facultades naturales, y marche pacíficamente en el tiempo «al desarrollo normal de su vida y al logro de sus gloriosos destinos».

XI

Vamos a concluir nuestra tarea. Si nos hemos internado en tantos pormenores, ha sido porque importa se tenga noticia del origen y la marcha de un movimiento socialista único en nuestro país, iniciado en una época de oscurantismo absoluto, y que ha pasado casi inapercibido, merced a las circunstancias; movimiento que no ha dado de sí hasta ahora resultado alguno práctico, porque le ha faltado el terreno de aplicación, la patria; pero que en la esfera de las ideas ha hecho y continúa haciendo sus evoluciones progresivas, ha tenido sus apóstoles y sus mártires, sembrado buenas semillas, resuelto cuestiones importantes de actualidad, producido obras de mérito y cooperado activamente en la lucha contra Rosas; movimiento que, no dudamos, hallará en el porvenir secundadores, porque representa todas las aspiraciones legítimas de una época.

Nos ha parecido, además, que ya es tiempo de que cese la influencia y predominio en el país de las individualidades y de las facciones descreídas y puramente egoístas; de que el pueblo comprenda que es preciso exigir a los charlatanes y a los aspirantes al poder, la exhibición de títulos, no doctorales (ellos nada valen en política), sino de capacidad real para el poder; títulos escritos que prueben su idoneidad para dirigir, gobernar y administrar, o cuáles son los principios de su doctrina social; porque solo las doctrinas, las buenas doctrinas, no los hombres, pueden dar al país garantías de orden y de paz y derramar en sus entrañas la savia fecunda del verdadero progreso.

Los hombres que no representan un sistema socialista, aunque tengan ideas parásitas o fragmentarias y habilidad para el expediente de los negocios comunes, viven como los calaveras con el día: no piensan sino en salir de los apuros del momento; gastan su actividad en menudos detalles; jamás echan una mirada al porvenir, porque no comprenden el presente ni el pasado; y hacen, en suma, lo que han hecho la mayor parte de los que han gobernado y tenido iniciativa entre nosotros.

En otros países, para valer algo en política como en todo, se requiere significar algo, o ser el representante de una idea o doctrina social; entre nosotros es de otro modo, de un modo raro; todo el que hace zapatos, es zapatero; todo el que hace escritos, jurisconsulto; el que hace versos, poeta; el que hace política, estadista; no importa ni el cómo ni el cuándo; basta ejercer el oficio, para que nadie dude de la idoneidad y suficiencia del hombre. Así se explica cómo individuos, cuya vida pública solo es notable por una serie de necedades y desaciertos políticos, nunca han perdido su reputación de hábiles, y han continuado ocupando eternamente los primeros puestos y reproducido su obra, es decir, los viejos errores que han llevado gradualmente al país al deplorable estado en que le vemos.

Como para nosotros, los hombres no tienen valor real en política, sino como artífices para producir o realizar ideas sociales, confesaremos francamente que desearíamos ver de una vez destronados a todos esos favoritos de la fortuna; porque no concebimos progreso alguno para el país, sino a condición de que ejerzan la iniciativa del pensamiento y la acción social los mejores y más capaces, y por mejores y más capaces entendemos los hombres que sean la expresión de la más acrisolada virtud y de la más alta inteligencia del país.

Estamos por saber todavía cuáles son las doctrinas sociales de muchos antagonistas de Rosas que han figurado en primera línea, y bueno sería que para legitimar sus pretensiones a la iniciativa política, nos dijesen adónde quieren llevarnos, o cuál es el pensamiento socialista que intentan sustituir a la tiranía en su patria, dado caso que desapareciese.

Error es común y acreditado, que basta el patriotismo y la buena fe para desempeñar con acierto la gestión de los grandes intereses sociales; nosotros creemos lo contrario, y podríamos citar en apoyo de nuestro parecer, muchos hechos de la historia de otros países y especialmente del nuestro para probar, que con la mejor intención y el más acendrado patriotismo, si carece de otras condiciones, puede un hombre colocado al frente de los negocios de su país, hacerlo retroceder de medio siglo y originar la desgracia de muchas generaciones. Los malvados y los bien intencionados son igualmente perniciosos en política, con la diferencia de que aquellos suelen hacer el mal y lavarse las manos como Pilatos, y estos encogerse de hombros, cuando no hay remedio, exclamando: ¡quién lo hubiera creído!

Hemos dicho la verdad sin embozo. Nos consideramos con derecho a hacerlo como cualquier argentino, y tenemos muy poderosas razones para ello.

Habiéndonos espontáneamente hecho cargo de la redacción de este trabajo y aceptado su responsabilidad, hemos creído deber hablar con nuestra conciencia; de otro modo no lo hubiéramos emprendido. Siempre hemos preferido callar, a no decir cuanto pensamos: he aquí el motivo de nuestro largo silencio, que nos importa poco interpreten como quieran los que gustan meterse en el foro interno.

Siempre nos ha parecido, y el estudio de los sucesos nos ha afirmado en este convencimiento, que las distintas coaliciones contra Rosas en el largo período de esta guerra, han fracasado en parte por no haberse dicho la verdad oportunamente.

Se ha mentido, o callado la verdad (lo que equivale a mentir), por no dar armas al enemigo, por aparentar una unión que no existe, ni ha podido existir, por falta de vínculos de creencia común entre los hombres de iniciativa o influyentes; unión que han desmentido cien veces los hechos y que acaba de marcarse con rasgos particulares en Corrientes.

Basta, pues, de miramientos nimios pagados a precio de sangre.

Hacemos esta publicación, porque queremos decir la verdad, aunque sea amarga, aunque nos mortifique a nosotros mismos, con tal que refluya en bien de la patria. La mentira engendra mal, en política como en todo; solo puede convenir a los malvados como Rosas.

La hacemos, porque pensamos que la cuestión de institución será la primera, la más grande, la decisiva para el porvenir de nuestro país. No hay que engañarse sobre esto; todas las demás cuestiones son subalternas. Si erramos como antes en la institución orgánica, caeremos otra vez en el atolladero de anarquía y de sangre. No hay sino una institución conveniente, adecuada, normal para el país, fundada sobre el Dogma de Mayo: en encontrarla está el problema.

La hacemos, porque nos importa que todos los patriotas y nuestro país conozcan la doctrina por que hemos combatido y combatiremos.

La hacemos porque, si es nuestro destino morir en el destierro, sepan nuestros hijos al menos, que sin ser unitarios ni federales, ni haber tenido vida política en nuestro país, hemos sufrido una proscripción política y hecho en ella cuanto nos ha sido dable por merecer bien de la patria.

La hacemos, en suma, porque hallamos por conveniente reconstruir sobre nueva planta la Asociación y anudar el hilo de sus trabajos comunes interrumpidos, llamando a todos los patriotas argentinos a fraternizar en un Dogma común.

Suponemos que nuestra franqueza tranquilizará a los espíritus que en el pasado nos atribuyeron miras siniestras.

Debemos una explicación a esos señores. Cuando en el año 37 la juventud levantó cabeza y publicó su Dogma social, en momentos en que nadie chistaba contra Rosas ni en Buenos Aires ni en Montevideo, gritasteis «al cisma, a la rebelión»; porque creísteis, sin duda, que ella quería trabajar para sí sola, no para la patria; y tendía a despojaros de la influencia y consideración a que sois acreedores: os engañasteis, no nos comprendisteis. La juventud en nuestro labio, eran entonces como ahora, las generaciones nuevas que traen incesantemente a las entrañas de la patria savia fecunda de vida y de regeneración: nosotros trabajamos para ellas.

Nosotros, que creíamos vivir en una época de transición y preparación, que absorbería la vida de dos o tres generaciones, que veíamos predominantes el elemento bárbaro en nuestro país y preveíamos muchas revueltas y desastres, antes que llegase el tiempo del logro de los destinos de la revolución de Mayo, queríamos el año 37 encarnar el Credo por el cual nos preparábamos a combatir, en una bandera que representase el porvenir de la patria, vinculado en las generaciones jóvenes. Queríamos hacerles el legado de nuestra labor, de nuestras creencias y esperanzas. No queríamos, como vosotros, que quedasen abandonados al acaso sus destinos y los de la patria, ni trabajar solamente por nuestra glorificación y provecho personal, exclamando: «el que venga atrás que arree».

Vosotros creísteis que al emanciparnos de los partidos de nuestro país, queríamos ponernos en lucha con ellos y disputarles la supremacía social: os engañasteis.

Queríamos solamente, haciendo abstracción de las personas, traer las cuestiones políticas al terreno de la discusión, levantando una bandera doctrinaria.

Queríamos echar en nuestra sociedad dilacerada y fraccionada en bandos enemigos, un principio nuevo de concordia, de unidad y de regeneración.

Queríamos, en suma, levantar la tradición de Mayo a la altura de una tradición viva, grandiosa, imperecedera que, a través de los tiempos y de las revoluciones, brillase siempre como la estrella de esperanza y de salvación de la patria. Eso mismo queremos hoy; y por ese interés, más grande que cualquier otro, volvemos a mortificar vuestras nimias susceptibilidades.

Ya veis, pues, que si ahora como entonces os volvéis a imaginar que intentamos arrojar con un cisma una nueva tea de discordia entre las pasiones que nos dividen, os volveréis a engañar y a reproducir en vuestros corrillos las cómicas escenas del pasado.

Montevideo, junio de 1846.

Al concluirse la impresión de este escrito, hemos leído en los números 234, 35 y 36 de El Comercio del Plata, un artículo titulado «Consideraciones sobre la situación y el porvenir de la literatura hispanoamericana», en el cual el señor Alcalá Galiano, literato español, asegura que la literatura americana «se halla todavía en mantillas»; y explicando este fenómeno por consideraciones que no revelan sino una suma ignorancia del verdadero estado social de la América, el señor Galiano lo atribuye a haber los americanos «renegado de sus antecedentes y olvidado su nacionalidad de raza»; por lo cual parece buenamente aconsejarles vuelvan a la tradición colonial, o lo que es lo mismo, se pongan a remolque de la España, a fin de que su literatura adquiera «un alto grado de esplendor».

Como a pesar de la ventajosa posición de la España, de que ella tiene muy bellas tradiciones literarias y literatos de profesión que cuentan con medios abundantes de producción y con un vasto teatro para la manifestación del pensamiento, ventajas de que carecen los escritores americanos; como, a pesar de todo esto, nosotros no reconocemos mayor superioridad literaria, en punto a originalidad, en la joven España sobre la América, nos permitirá el señor Galiano le digamos, que no nos hallamos dispuestos a adoptar su consejo, ni a imitar imitaciones, ni a buscar en España ni en nada español el principio engendrador de nuestra literatura, que la España no tiene, ni puede darnos; porque, como la América, «vaga desatentada y sin guía, no acertando a ser lo que fue y sin acertar a ser nada diferente».

Tan cierto es esto, que el mismo señor Galiano nos da vestidas a usanza o estilo del siglo XVI, las ideas de un escritor francés del siglo XIX, incurriendo en el error que censura en los literatos de su país de fines de la pasada centuria, y no atinando como ellos a salir de la imitación nacional y extranjera, ni en ideas, ni en estilo; tan cierto es, que según confesión del mismo señor Galiano, Zorrilla, único poeta eminente que menciona, imita a Hugo y Lope de Vega: y que la España de hoy está reproduciendo el fenómeno de la época llamada, si bien recordamos, del buen gusto o del renacimiento de las letras, en que había dos tendencias contrarias igualmente imitadoras e impotentes para regenerar la literatura española.

Otro tanto sucedería en América, si adoptando el consejo del señor Galiano, rehabilitásemos la tradición literaria española; malgastaríamos el trabajo estérilmente, echaríamos un nuevo germen de desacuerdo, destructor de la homogeneidad y armonía del progreso americano, para acabar por no entendernos en literatura, como no nos entenderemos en política; porque la cuestión literaria, que el señor Galiano aísla desconociendo a su escuela, está íntimamente ligada con la cuestión política, y nos parece absurdo ser español en literatura y americano en política.

Sea cual fuere la opinión del señor Galiano, las únicas notabilidades verdaderamente progresistas que columbramos nosotros en la literatura contemporánea de su país, son Larra y Espronceda; porque ambos aspiraban a lo nuevo y original, en pensamiento y en forma. Zorrilla no lo es; Zorrilla, rehabilitando las formas y las preocupaciones de la vieja España, suicida su bello ingenio poético y reacciona contra el progreso: Zorrilla solo es original y verdaderamente español por la exuberancia plástica de su poesía. Se dirá que su obra es de artista, pero si bien concebimos la teoría de l'art pour l'art en Goethe, Walter Scott y hasta cierto punto en Víctor Hugo, viviendo en países sólidamente constituidos, donde el ingenio busca lo nuevo por la esfera ilimitada de la especulación, nada progresiva nos parece esa teoría en un poeta de la España revolucionaria y aspirando con frenesí a su regeneración.

Si el señor Galiano estuviera bien informado sobre las cosas americanas, no ignoraría que el movimiento de emancipación del clasicismo y la propaganda de las doctrinas sociales del progreso, se empezó en América antes que en España; y que en el Plata, por ejemplo, ese movimiento ha estado casi paralizado desde el año 37 por circunstancias especiales y por una guerra desastrosa, en que están precisamente empeñadas las tradiciones coloniales y las ideas progresivas. Habría visto, además, que una faz de ese movimiento, es el completo divorcio de todo lo colonial, o lo que es lo mismo, de todo lo español, y la fundación de creencias sobre el principio democrático de la revolución americana; trabajo lento, difícil, necesario para que pueda constituirse cada una de las nacionalidades americanas, trabajo preparatorio indispensable para que surja una literatura nacional americana, que no sea el reflejo de la española, ni de la francesa, como la española. Sabría también, que en América no hay, ni puede haber por ahora, literatos de profesión, porque todos los hombres capaces, a causa del estado de revolución en que se encuentran, absorbidos por la acción o por las necesidades materiales de una existencia precaria, no pueden consagrarse a la meditación y recogimiento que exige la creación literaria, ni hallan muchas veces medios para publicar sus obras. Sabría, por último, que las doctrinas filosóficas que nos da como nuevas su pluma, son ya viejas entre nosotros y están, por decirlo así, americanizadas; lo que nos inclinaría a creer que la España, lejos de poder llevarnos a remolque en doctrinas y en producción literaria, marcha por el contrario más despacio que la América.

Por lo demás, no se oculta a los americanos que en una sociedad como la española, para reconstruir las creencias y realizar el progreso normal, sea necesario «injertar las nuevas ideas en las ideas antiguas»; y solo podrían extrañar que la joven España no sepa aprovecharse de esa ventaja inmensa de antiguas tradiciones que lleva a la América, para reconstruir y engendrar, antes que ella y mejor que ella, algo nuevo y original en política, en arte, en literatura, que se asemeje a lo que hizo la gloria de la vieja España. Pero mejor que el señor Galiano deben saber los americanos, que la sociedad española no es la sociedad americana, sometida a condiciones diferentes de progreso, y que nada tiene que hacer la tradición colonial, despótica, en que el pueblo era cero, con el principio democrático de la revolución americana, y que entre aquella tradición y este principio, no hay injerto ni transacción posible; por eso si reconocen y adoptan alguna tradición como legítima y regeneradora, tanto en política como en literatura, es la tradición democrática de su cuna, de su origen revolucionario; y no sabemos que la literatura española tenga nada de democrático.

Además, la índole objetiva y plástica de la literatura y en particular del arte español, no se aviene con el carácter idealista y profundamente subjetivo y social que, en concepto nuestro, revestirá el arte americano, y que ha empezado a manifestar en algunas de sus regiones y especialmente en el Plata. El arte español da casi todo a la forma, al estilo; el arte americano, democrático, sin desconocer la forma, puliéndola con esmero, debe buscar en las profundidades de la conciencia y del corazón el verbo de una inspiración que armonice con la virgen, grandiosa naturaleza americana.

El único legado que los americanos pueden aceptar y aceptan de buen grado de la España, porque es realmente precioso, es el del idioma; pero lo aceptan a condición de mejora, de transformación progresiva, es decir, de emancipación.

Los escritores americanos tampoco ignoran, como el señor Galiano, que están viviendo en una época de transición y preparación, y se contentan con acopiar materiales para el porvenir. Presienten que la época de verdadera creación no está lejana; pero saben que ella no asomará sino cuando se difundan y arraiguen las nuevas creencias sociales que deben servir de fundamento a las nacionalidades americanas.

Las distintas naciones de la América del Sur, cuya identidad de origen, de idioma y de estado social democrático encierra muchos gérmenes de unidad de progreso y de civilización, están desde el principio de su emancipación de la España ocupadas en ese penoso trabajo de difusión, de ensayo, de especulación preparatoria, precursor de la época de creación fecunda, original, multiforme, en nada parecida a la española, y no pocas fatigas y sangre les cuesta desasirse de las ligaduras en que las dejó la España para poder marchar desembarazadas por la senda del progreso.

El señor Galiano, que dice pertenecer a la escuela filosófica cuyas doctrinas propaga, no debe ignorar que en las épocas de transición, como en la que están la España y la América, rara vez aparecen genios creadores en literatura; porque el genio, que no es planta parásita ni exótica, solo puede beber la vida y la inspiración en la fuente primitiva de las creencias nacionales.

Con la clave, pues, de las doctrinas de su escuela y el conocimiento del estado social de la América, se habría, el señor Galiano, explicado el atraso de su literatura, más fácilmente que haciendo una aplicación inadecuada de las vistas de Chasles sobre la literatura norteamericana a una sociedad que nada tiene de análogo con aquélla.

El señor Galiano tendrá bien presente lo que era la España inquisitorial y despótica; pues bien, calcule lo que sería la América colonial, hija espúrea de la España y deduzca de ahí si puede haber punto de analogía entre la sociabilidad hispana y angloamericana.

El señor Galiano, bajo la fe, sin duda, de monsieur Chasles, asienta que la literatura norteamericana «vegeta en una decente medianía»; pero si tal aserción es permitida a un escritor francés relativamente a la literatura de su país, no nos parece admisible en un literato español, porque, ¿qué nombres modernos españoles opondrá el señor Galiano a los de Franklin, Jefferson,

Cooper, Washington, Irving, celebridades con sanción universal en Europa y en América?

Verdad es que algunos ramos de la literatura no han medrado en los Estados Unidos; pero eso es porque allí se halla por mejor realizar el pensamiento y llevar a la mejora del bienestar individual y social la actividad de las facultades, que en España y otros países se malgastan en estériles especulaciones literarias; y esa tendencia eminentemente democrática y profundamente civilizadora de la sociedad norteamericana, que ha desarrollado en poco tiempo sus fuerzas de un modo tan colosal, se manifiesta, aunque en pequeño, en la América del Sur, por la naturaleza democrática de sus pueblos; y es otra de las causas que pudo tener en vista el señor Galiano para explicar la insignificancia de su literatura.

Pensamos también que una ojeada retrospectiva sobre su propio país, habría conducido al señor Gallano a explicación más plausible que la que nos ha presentado. ¿Puede el señor Galiano citar muchos escritores y pensadores eminentes desde la época de oro de la literatura española que acaban con Calderón, Moreto y Tirso, hasta principio de nuestro siglo? Y si en cerca de dos centurias ha asomado apenas uno que otro destello de vida nueva y original en la literatura de su país ¿cómo es que extraña el señor Galiano esté en «mantilla» la literatura americana, nacida ayer y con veinte años, según su cuenta, de pacífica independencia? ¿Cómo quiere que en América, segregada por un océano de la Europa, en esta América semibárbara, porque así la dejó España, y continuamente despedazada por convulsiones intestinas, haya todavía literatura?

¿Qué libro extraordinario ha producido la emigración española de los años 13 y 23, compuesta de las mejores capacidades de la península y diseminada en las capitales europeas, en esos grandes y estimulantes talleres de civilización humanitaria? ¿No hemos visto a Martínez de la Rosa en medio de ese gran movimiento de emancipación literaria que ha traído en pos de sí una transformación completa de la literatura francesa, cerrando la vista y el oído a la inmensa agitación que lo rodeaba, ocuparse en parafrasear la poética de Horacio, de Boileau y otros, y en analizar y desmenuzar con el escalpelo de la más estéril y pobre crítica, algunos idilios y anacreónticas de la antigua literatura española? Y, por último, ¿qué escritor español contemporáneo ha sido traducido en el extranjero y ha conquistado el lauro de la celebridad europea?

En vista de estos ejemplos de su país, ¿qué puede hallar inexplicable el señor Galiano en el atraso de la literatura americana, sin necesidad de ocurrir a doctrinas filosóficas y a cotejos inadecuados; ni qué extraño es tampoco no hayan llegado a sus manos muchas obras muy notables de escritores americanos...?

¿Cuál es la escuela literaria española contemporánea? ¿Cuáles son sus doctrinas? Las francesas. ¿Qué más puede hacer la pobre América que beber como la España en esa grande piscina de regeneración humanitaria, ínter trabaja con medios infinitamente inferiores a los de la España por emanciparse intelectualmente de la Europa? ¿Cómo quiere, pues, el señor Galiano que exista una escuela literaria americana, si la España no la tiene aún, ni que vaya la América a buscar en España lo que puede darle flamante el resto de la Europa, como se lo da a la España misma?

Si el crisol español fuera como el crisol francés, si las ideas francesas al pasar por la inteligencia española saliesen más depuradas y completas, podrían los americanos irlas a buscar a España; pero al contrario, allí se achican, se desvirtúan, porque el español no posee esa maravillosa facultad de asimilación y de perfección que caracteriza al genio francés.

Sin embargo, la América, obligada por su situación a fraternizar con todos los pueblos, necesitando del auxilio de todos, simpatiza profundamente con la España progresista, y desearía verla cuanto antes en estado de poder recibir de ella en el orden de las ideas, la influencia benefactora que ya recibe por el comercio y por el mutuo cambio de sus productos industriales.

Sentimos en verdad que el señor Varela, cuya capacidad reconocemos como todos, haya dado el pase y en cierto modo autorizado con la publicación en su diario y con su silencio, las erradas opiniones del señor Galiano. Nadie más idóneo que él para refutarlas, porque contraído mucho tiempo hace a estudios sobre nuestra revolución, debe conocer a fondo las causas que se han opuesto y se oponen al progreso de nuestra literatura. Recordamos con este motivo que alguien ha extrañado no mencionásemos las tareas históricas del señor Varela, como lo hemos hecho con las de otros compatriotas. La observación es justa; pero ha sido porque nos propusimos hablar solamente de lo que hemos visto y examinado.

Hubiéramos deseado más ancho espacio que el de una nota para entendernos con el señor Galiano, y agradecerle sus desvelos por el progreso de la literatura americana; pero nos parece bastante lo dicho para que comprenda que los americanos saben muy bien dónde deben buscar el principio de vida, tanto de su literatura como de su sociabilidad; y este escrito se lo probará en pequeño, al señor Galiano, y a los que piensen como él en España y en América.

Dogma socialista de la Asociación de Mayo

Damos todas las piezas de este escrito, porque sin ellas no se comprendería bien su origen, ni su primitiva tendencia. Hemos variado su título, suprimido algo superfluo, y anotado las citas que recordamos, y no trajo por olvido el manuscrito de la primera edición. Conocemos toda su imperfección; pero pareciéndonos que basta al objeto que nos proponemos al publicarlo, excusamos entrar en la tarea de mejorarlo, y desfigurarlo tal vez, de modo que ya no fuese el mismo del año 37; además, hemos escrito lo anterior con la mira de completarlo.

Conserva, por lo mismo, este escrito su carácter de provisorio, en todo aquello que no es fundamental como principio, porque en nada ha variado la situación de nuestro país; y porque progresistas en política como en todo, nunca fue nuestro ánimo aferrarnos en un sistema exclusivo, y condenarnos a la inmovilidad, o lo que es lo mismo, a la muerte, cuando todo se moviese y aspirase a progresar en rededor nuestro.

Tal es nuestro liberalismo a este respecto, que si mañana cualquiera proclamase una doctrina social mejor que la nuestra, o que revelase inteligencia más completa de la vida y necesidades de nuestro país, no tendríamos embarazo alguno en adoptarla y preconizarla con igual empeño; porque pensamos que tratándose de la patria, debe sacrificarse hasta el amor propio.

Hacemos esta declaración, para que no se nos atribuyan las exclusivas y estrechas miras que caracterizan a los partidos de nuestro país, las que nos hemos tomado la libertad de atacar con algún calor, por considerarlas perjudiciales al desarrollo libre de la actividad individual y social, porque no somos secuaces de hombres, sino de doctrinas.

Mucho tiempo hace que andamos como todos en busca de una luz de criterio socialista, y mientras no nos hagan otros esa revelación, debe sernos permitido tomar por guía la que hemos columbrado y, decir nuestro pensamiento en voz alta.

Todos los partidos desde el principio de la revolución han gritado, y se han hecho la guerra a nombre de la libertad; Rosas, Oribe y muchos de sus antagonistas vociferan también libertad; pero ¿qué es la libertad? La libertad soy yo, contestarán. Cada uno ha llamado libertad, decía Montesquieu, al gobierno más conforme a sus inclinaciones.

Nosotros decimos desde el año 37: Mayo, Progreso, Democracia, y explicamos esa fórmula. Si hay bandera más alta y legítima que la nuestra, que se levante y flamee ufana: la saludaremos y aclamaremos como la bandera regeneradora de la patria.

Pediremos, por último, excusa a los entendidos por las repeticiones que pueda haber en éste y el anterior escrito; no hemos tenido tiempo de revisarlos y confrontarlos, ni tampoco voluntad; porque pensamos que nunca está de más repetir las cosas entre nosotros.

Agosto de 1846.

A la juventud argentina y a todos los dignos hijos de la patria

1. Los tiranos han sembrado la cizaña y erigido su trono de iniquidad sobre los escombros de la anarquía.

2. No hay para nosotros ley, ni derechos, ni patria, ni libertad.

3. Errantes y proscriptos andamos como la prole de Israel en busca de la tierra prometida.

4. He aquí la herencia que nos ha cabido en suerte: oscuridad, humillación, servidumbre; tal es el patrimonio que nos ha legado la revolución, y el fruto de la sangre y de los sacrificios de nuestros heroicos padres.

5. Raza de maldición, parecemos destinados por una ley injusta a sufrir el castigo de los crímenes y errores de la generación que nos dio el ser.

6. Nuestro suplicio es el suplicio de Tántalo: deseamos y no podemos satisfacer, ambicionamos y no podemos realizar: nuestro amor a la libertad es una quimera, nuestros votos por la patria ineficaces.

7. Estamos en la edad y nos sentimos con fuerza bastante para vestir la toga viril, y la estupidez triunfante nos lo veda: queremos hablar para quejarnos y se nos pone mordaza.

8. Infantes, al estruendo del cañón vimos en sueño una patria, y despertando adultos, encontramos en lugar suyo un desierto sembrado de cadáveres y ruinas y flameando sobre ellas un pendón ensangrentado y fratricida.

9. Allí bajo su sombra está sentado el despotismo, mudo y en perpetua adoración de sí mismo, y en rededor suyo chilla y clamorea la ciega muchedumbre como en torno al ídolo de Baal los israelitas ilusos.

10. «He aquí mi patria, exclama; he aquí el Dios tutelar de los argentinos; llegaos y adoradle; prosternaos humildes al pie de su excelso trono y os colmará de bendiciones; adoradle o seréis malditos; la venganza y la ignominia caerán sobre vosotros.»

11. Así hablan a sus hermanos: «creed o seréis exterminados». El egoísmo encarnado es su Dios y le han formado altar de sus corazones inmundos.

12. Miserables de vosotros que más estúpidos que las bestias os prosternáis ante el ídolo monstruoso.

13. Miserables de aquellos que vacilan cuando la tiranía se ceba en las entrañas de la patria.

14. Miserables de los que, riendo de sus clamores, van a ofrecerlos en holocausto a la inicua ambición de los tiranos.

15. Para ellos es la ignominia, para ellos la esclavitud, para ellos el oprobio y el inexorable anatema de las generaciones.

16. Y qué, ¿iremos nosotros? ¿Irán los hijos de los héroes de Mayo y Julio? ¿Irá la generación de los gigantes a unirse al coro de los idólatras perjuros, que no tienen más Dios que el egoísmo, más patria que sus mezquinas ambiciones, más idea de la dignidad del hombre que de la dignidad de los brutos?

17. ¡Qué dirían allá en sus tumbas ignoradas los ilustres mártires de la independencia americana!

18. Oíd, oíd el grito de ellos: oíd el clamor de su sangre inmaculada.

19. «Nuestra misión fue daros independencia y dejaros en herencia una patria.»

20. «¿Qué habéis hecho de ella? La habéis puesto en almoneda; la habéis, como a una ramera, vendido y prostituido a los tiranos; la habéis escarnecido a los ojos del mundo; la habéis puesto como algo vil en la lengua de los maldicientes; y ahora que veis ajado su decoro, marchito su frescor y lozanía, la desecháis y la repudiáis como a una prostituta.»

21. «Alzaos, alzaos, patriotas argentinos, jóvenes hijos de los padres de la patria, acudid; que nuestras esperanzas no queden burladas.»

22. «¿Dejaréis también en herencia a vuestros hijos oprobio y servidumbre?»

23. «Romped esas cadenas que os oprimen; uníos con vínculo indisoluble y abrid el santuario de vuestros corazones a la patria que se acoge a vosotros.»

24. «Fraternizad y obrad; no caigáis en el error de vuestros padres. Nosotros nos perdimos porque gritamos libertad, libertad, y no fuimos hermanos; la desunión inutilizó todos nuestros sacrificios.»

25. «Los egoístas ambiciosos la atizaron para recoger el fruto de nuestro sudor, y la patria agoniza en sus impuras manos.»

26. «Los esclavos, o los hombres sometidos al poder absoluto, no tienen patria; porque la patria no se vincula en la tierra natal, sino en el libre ejercicio y pleno goce de los derechos de ciudadano.»

27. «Vosotros no tenéis patria; solo el ciudadano tiene patria: la ley se la da y la tiranía se la quita. Una turba de esclavos vendió la vuestra, pero no ha podido vender vuestros nobles corazones.»

28. «Alzaos, dignos hijos de los padres de la patria y marchad unidos hacia la conquista de la libertad y de los gloriosos destinos de la nación Argentina.»

29. «En la unión está la fuerza; el reino dividido perecerá, dijo el Salvador del mundo.»

30. «Asociarse, mancomunar su inteligencia y sus brazos para resistir a la opresión, es el único medio de llegar un día a constituir la patria.»

31. «Uníos y marchad: vuestra misión es grande y tan grande como la nuestra.»

32. «No os arredre el temor, ni os amilanen los peligros: acordaos que vuestros hermanos también están oprimidos. Vuestra libertad y la suya no la recobraréis sino con sangre. Del coraje es el triunfo; del patriotismo el galardón; de la prudencia el acierto.»

33. «Acordaos que la virtud es la acción, y que todo pensamiento que no se realiza, es una quimera indigna del hombre.»

34. «Estad siempre preparados, porque el tiempo de la cruzada de emancipación se acerca. El reino de la verdad no vendrá sino con guerra.»

35. «La que os espera será cruda; pero triunfaréis con la ayuda de Dios y de vuestra constancia y fortaleza.»

36. «Caed mil veces; pero levantaos otras tantas. La libertad, como el gigante de la fábula, recobra en cada caída nuevo espíritu y pujanza: las tempestades la agrandan y el martirio la diviniza.»

37. «La que vosotros conquistéis será la libertad de medio mundo: trabajando por la emancipación de vuestra patria, trabajáis por la emancipación del genio americano.»

38. «La iniciativa os pertenece, como tocó a vuestros padres la iniciativa de la Independencia Americana.»

39. «No, cuando de Oriente a Occidente, del septentrión al mediodía, todos los pueblos del universo se mueven y caminan como impelidos por una fuerza oculta hacia la conquista de su engrandecimiento y bienestar, permanezcáis estacionarios.»

40. «No os echéis a dormir bajo la tienda que vuestros padres levantaron; porque en ella se alberga la tristeza, y la tiranía acecha vuestro reposo.»

41. «El mundo marcha: marchad con él si queréis elevaros a la dignidad de hombres libres.»

42. «Pero, acordaos que para triunfar necesitáis uniros; y que solo con el concurso armónico de todas vuestras fuerzas, lograréis desempeñar vuestra misión y encaminar vuestra patria al rango de nación libre, independiente y poderosa.»

He aquí el mandato de Dios, he aquí el clamor de la patria, he aquí el sagrado juramento de la joven generación.

Al que adultere con la corrupción, anatema.

Al que incense la tiranía o se venda a su oro, anatema.

Al que traicione los principios de la libertad, del honor y del patriotismo, anatema.

Al cobarde, al egoísta, al perjuro, anatema.

Al que vacile en el día grande de los hijos de la patria, anatema.

Al que mire atrás y sonría cuando suene la trompeta de la regeneración de la patria, anatema.

He aquí el voto de la nueva generación y de las generaciones que vendrán.

Gloria a los que no se desalientan en los conflictos y tienen confianza en su fortaleza: de ellos será la victoria.

Gloria a los que no desesperan, tienen fe en el porvenir y en el progreso de la humanidad: de ellos será el galardón.

Gloria a los que trabajen tenazmente por hacerse dignos hijos de la patria: de ellos serán las bendiciones de la posteridad.

Gloria a los que no transigen con ninguna especie de tiranía y sienten latir en su pecho un corazón puro, libre y arrogante.

Gloria a la juventud argentina que ambiciona emular las virtudes y realizar el gran pensamiento de los heroicos padres de la patria: gloria por siempre y prosperidad.

Buenos Aires, agosto de 1837.

Palabras simbólicas

1. Asociación. 2. Progreso. 3. Fraternidad. 4. Igualdad. 5. Libertad. 6. Dios, centro y periferia de nuestra creencia religiosa; el cristianismo su ley. 7. El honor y el sacrificio, móvil y norma de nuestra conducta social. 8. Adopción de todas las glorias legítimas, tanto individuales como colectivas de la revolución: menosprecio de toda reputación usurpada e ilegítima. 9. Continuación de las tradiciones progresivas de la revolución de Mayo. 10. Independencia de las tradiciones retrógradas que nos subordinan al antiguo régimen. 11. Emancipación del espíritu americano. 12. Organización de la patria sobre la base democrática. 13. Confraternidad de principios. 14. Fusión de todas las doctrinas progresivas en un centro unitario. 15. Abnegación de las simpatías que puedan ligarnos a las dos grandes facciones que se han disputado el poderío durante la revolución

I. 1. Asociación

La sociedad es un hecho estampado en las páginas de la historia, y la condición necesaria que la Providencia impuso al hombre para el libre ejercicio y pleno desarrollo de sus facultades, al darle por patrimonio el universo. Ella es el vasto teatro en donde su poder se dilata, su inteligencia se nutre, y sucesivamente aparecen los partos de su incansable actividad.

Sin asociación no hay progreso, o más bien ella es la condición forzosa de toda civilización y de todo progreso.

Trabajar para que se difunda y esparza entre todas las clases el espíritu de asociación, será poner las manos en la grande obra del progreso y civilización de nuestra patria.

No puede existir verdadera asociación sino entre iguales. La desigualdad engendra odios y pasiones que ahogan la confraternidad y relajan los vínculos sociales.

Para extender la órbita de la asociación y al mismo tiempo robustecerla y estrecharla, es preciso nivelar las individualidades sociales, o poner su conato en que se realice la igualdad.

Para que la asociación corresponda ampliamente a sus fines, es necesario organizarla y constituirla de modo que no se choquen ni dañen mutuamente los intereses sociales y los intereses individuales o combinar entre sí estos dos elementos: el elemento social y el individual, la patria y la independencia del ciudadano. En la alianza y armonía de estos dos principios estriba todo el problema de la ciencia social.

El derecho del hombre y el derecho de la asociación son igualmente legítimos.

La política debe encaminar sus esfuerzos a asegurar por medio de la asociación a cada ciudadano su libertad y su individualidad.

La sociedad debe poner a cubierto la independencia individual de todos sus miembros, como todas las individualidades están obligadas a concurrir con sus fuerzas al bien de la patria.

La sociedad no debe absorber al ciudadano o exigirle el sacrificio absoluto de su individualidad. El interés social tampoco permite el predominio exclusivo de los intereses individuales, porque entonces la sociedad se disolvería, no estando sus miembros ligados entre sí por vínculo alguno común.

La voluntad de un pueblo o de una mayoría no puede establecer un derecho atentatorio del derecho individual porque no hay sobre la tierra autoridad alguna absoluta, porque ninguna es órgano infalible de la justicia suprema, y porque más arriba de las leyes humanas está la ley de la conciencia y de la razón.

Ninguna autoridad legítima impera sino en nombre del derecho, de la justicia y de la verdad. A la voluntad nacional, verdadera conciencia pública, toca interpretar y decidir soberanamente sobre lo justo, lo verdadero y lo obligatorio: he aquí el dominio de la ley positiva. Pero más allá de esa ley, y en otra esfera más alta, existen los derechos del hombre, que siendo la base y la condición esencial del orden social, se sobreponen a ella y la dominan.

Ninguna mayoría, ningún partido o asamblea, tiene derecho para establecer una ley que ataque las leyes naturales y los principios conservadores de la sociedad, y que ponga a merced del capricho de un hombre la seguridad, la libertad y la vida de todos.

El pueblo que comete este atentado es insensato, o al menos estúpido; porque usa de un derecho que no le pertenece, porque vende lo que no es suyo, la libertad de los demás; porque se vende a sí mismo no pudiendo hacerlo, y se constituye esclavo, siendo libre por la ley de Dios y de su naturaleza.

La voluntad de un pueblo jamás podrá sancionar como justo, lo que es esencialmente injusto.

Alegar razones de Estado para cohonestar la violación de estos derechos, es introducir el maquiavelismo y sujetar de hecho a los hombres al desastroso imperio de la fuerza y de la arbitrariedad.

La salud del pueblo no estriba en otra cosa, sino en el religioso e inviolable respeto de los derechos de todos y cada uno de los miembros que lo componen.

Para ejercer derechos sobre sus miembros, la sociedad debe a todos justicia, protección igual y leyes que aseguren su persona, sus bienes y su libertad. Ella se obliga a ponerlos a cubierto de toda injusticia o violencia: a tener a raya, para que no se dañen, sus pasiones recíprocas: a proporcionarles medios de trabajar sin estorbo alguno, en su propio bienestar, sin perjuicio del de los otros: a poner a cada uno bajo la salvaguardia de todos, para que pueda gozar pacíficamente de lo que posee o ha adquirido con su trabajo, su industria o sus talentos.

La potestad social que no hace esto; que en vez de fraternizar, divide; que siembra la desconfianza y el encono; que atiza el espíritu de partido y las venganzas; que fomenta la perfidia, el espionaje y la delación, y tiende a convertir la sociedad en un enjambre de delatores, de verdugos y de víctimas, es una potestad inicua, inmoral y abominable.

La institución del gobierno no es útil, moral y necesaria, sino en cuanto propende a asegurar a cada ciudadano sus imprescriptibles derechos y principalmente su libertad.

La perfección de la asociación está en razón de la libertad de todos y de cada uno. Para conseguirla es preciso predicar fraternidad, desprendimiento, sacrificio mutuo entre los miembros de una misma familia. Es necesario trabajar para que todas las fuerzas individuales, lejos de aislarse y reconcentrarse en su egoísmo, concurran simultánea y colectivamente a un fin único: al progreso y engrandecimiento de la nación.

El predominio de la individualidad nos ha perdido. Las pasiones egoístas han sembrado la anarquía en el suelo de la libertad y esterilizado sus frutos: de aquí resulta el relajamiento de los vínculos sociales; que el egoísmo está entrañando en todos los corazones y muestra en todas partes su aspecto deforme y ominoso: que los corazones no palpitan al son de las mismas palabras y a la vista de los mismos símbolos: que las inteligencias no están unidas por una creencia común en la patria, en la igualdad, en la fraternidad y la libertad.

¿Cómo reanimar esta sociedad en disolución?

¿Cómo hacer predominar el elemento sociable del corazón humano y salvar la patria y la civilización? El remedio solo existe en el espíritu de asociación.

Asociación, progreso, libertad, igualdad, fraternidad, términos correlativos de la gran síntesis social y humanitaria; símbolos divinos del venturoso porvenir de los pueblos y de la humanidad.

La libertad no puede realizarse sino por medio de la igualdad; y la igualdad, sin el auxilio de la asociación o del concurso de todas las fuerzas individuales encaminadas a un objeto único, indefinido, el progreso continuo; fórmula fundamental de la filosofía del decimonoveno siglo.

Aquella organización social será más perfecta, que ofrezca mayores garantías al desarrollo de la igualdad y la libertad y dé mayor ensanche al ejercicio libre y armónico de las facultades humanas; aquel gobierno será mejor que tenga más analogía con nuestras costumbres y nuestra condición social.

El camino para llegar a la libertad es la igualdad; la igualdad y la libertad son los principios engendradores de la democracia.

La democracia es por consiguiente el régimen que nos conviene y el único realizable entre nosotros.

Preparar los elementos para organizar y constituir la democracia que existe en germen en nuestra sociedad, he aquí también nuestra misión.

La Asociación de la Joven Generación Argentina, representa en su organización provisoria el porvenir de la nación argentina: su misión es esencialmente orgánica. Ella procurará derramar su espíritu y su doctrina; extender el círculo de sus tendencias progresivas; atraer los ánimos a la grande asociación nacional uniformando las opiniones y concentrándolas en la patria y en los principios de la igualdad, de la libertad y de la fraternidad de todos los hombres.

Ella trabajará en conciliar y poner en armonía el ciudadano y la patria, el individuo y la asociación: y en preparar los elementos de la organización de la nacionalidad argentina sobre el principio democrático.

Ella en su institución definitiva, procurará hermanar las dos ideas fundamentales de la época: patria y humanidad, y hacer que el movimiento progresivo de la nación marche conforme con el movimiento progresivo de la grande asociación humanitaria.

II. 2. Progreso

«La humanidad es como un hombre que vive siempre y progresa constantemente.» Ella con un pie asentado en el presente y otro extendido hacia el porvenir, marcha sin fatigarse, como impelida por el soplo de Dios, en busca del Edén prometido a sus esperanzas.

Cielo, tierra, animalidad, humanidad, el universo entero, tiene una vida que se desarrolla y se manifiesta en el tiempo por una serie de generaciones continuas: esta ley de desarrollo se llama la ley del progreso.

Así como el hombre, los seres orgánicos y la naturaleza, los pueblos también están en posesión de una vida propia, cuyo desenvolvimiento continuo constituye su progreso; porque la vida no es otra cosa en todo lo creado, que el ejercicio incesante de la actividad.

Todas las asociaciones humanas existen por el progreso y para el progreso, y la civilización misma no es otra cosa que el testimonio indeleble del progreso humanitario.

Todos los conatos del hombre y de la sociedad se encaminan a procurarse el bienestar que apetecen.

El bienestar de un pueblo está en relación y nace de su progreso.

«Vivir conforme a la ley de su ser es el bienestar. Solo por medio del ejercicio libre y armónico de todas sus facultades, pueden los hombres y los pueblos alcanzar la aplicación más extensa de esta ley.»

Un pueblo que no trabaja por mejorar de condición, no obedece a la ley de su ser.

La revolución para nosotros es el progreso. La América, creyendo que podía mejorar de condición se emancipó de la España; desde entonces entró en las vías del progreso.

Progresar es civilizarse, o encaminar la acción de todas sus fuerzas al logro de su bienestar, o en otros términos, a la realización de la ley de su ser.

La Europa es el centro de la civilización de los siglos y del progreso humanitario.

La América debe, por consiguiente, estudiar el movimiento progresivo de la inteligencia europea; pero sin sujetarse ciegamente a sus influencias. El libre examen y la elección tocan de derecho y son el criterio de una razón ilustrada. Ella debe apropiarse todo lo que pueda contribuir a la satisfacción de sus necesidades; debe, para conocerse y alumbrarse en su carrera, caminar con la antorcha del espíritu humano.

Cada pueblo tiene su vida y su inteligencia propia. «Del desarrollo y ejercicio de ella, nace su misión especial; la cual concurre al lleno de la misión general de la humanidad. Esta misión constituye la nacionalidad. La nacionalidad es sagrada.»

Un pueblo que esclaviza su inteligencia a la inteligencia de otro pueblo, es estúpido y sacrílego.

Un pueblo que se estaciona y no progresa, no tiene misión alguna, ni llegará jamás a constituir su nacionalidad.

Cuando la inteligencia americana se haya puesto al nivel de la inteligencia europea, brillará el Sol de su completa emancipación.

III. 3. Fraternidad. 4. Igualdad. 5. Libertad

«La fraternidad humana es el amor mutuo, o aquella disposición generosa que inclina al hombre a hacer a los otros lo que quisiera que se hiciese con él.»

Cristo la divinizó con su sangre y los profetas la santificaron con el martirio.

Pero el hombre entonces era débil, porque vivía para sí y solo consigo. La humanidad o la concordia de la familia humana, concurriendo a idéntico fin, no existía.

Los tiranos y egoístas fácilmente ofuscaron con su soplo mortífero la luz divina de la palabra del Redentor y pusieron, para reinar, en lucha al padre con el hijo, al hermano con el hermano, la familia con la familia.

Ciego el hombre y amurallado en su yo creyó justo sacrificar a sus pasiones el bienestar de los demás, y los pueblos y los hombres se hicieron guerra y se despedazaron entre sí como fieras.

«Por la ley de Dios y de la humanidad todos los hombres son hermanos. Todo acto de egoísmo es un atentado a la fraternidad humana.» El egoísmo es la muerte del alma. El egoísta no siente amor, ni caridad, ni simpatía por sus hermanos. Todos sus actos se encaminan a la satisfacción de su yo; todos sus pensamientos y acciones giran en torno de su yo; y el deber, el honor y la justicia son palabras huecas y sin sentido para su espíritu depravado.

El egoísmo se diviniza y hace de su corazón el centro del universo. El egoísmo encarnado son todos los tiranos.

Es del deber de todo hombre que conoce su misión, luchar cuerpo a cuerpo con él hasta aniquilarlo.

La fraternidad es la cadena de oro que debe ligar todos los corazones puros y verdaderamente patriotas; sin esto no hay fuerza, ni unión, ni patria.

Todo acto, toda palabra que tienda a relajar este vínculo, es un atentado contra la patria y la humanidad.

Echemos un velo de olvido sobre los errores de nuestros antepasados; el hombre es falible. Pongamos en balanza justa sus obras y veamos lo que hubiéramos hecho en circunstancias idénticas. Lo que somos y lo que seremos en el porvenir, a ellos se lo debemos. Abramos el santuario de nuestros corazones a los que merecieron bien de la patria y se sacrificaron por ella.

Los egoístas y malvados tendrán su merecido; el juicio de la posteridad los espera. La divisa de la nueva generación es fraternidad.

«Por la ley de Dios y de la humanidad, todos los hombres son iguales.»

Para que la igualdad se realice, es preciso que los hombres se penetren de sus derechos y obligaciones mutuas.

La igualdad consiste en que esos derechos y deberes sean igualmente admitidos y declarados por todos, en que nadie pueda sustraerse a la acción de la ley que los formula, en que cada hombre participe igualmente del goce proporcional a su inteligencia y trabajo. Todo privilegio es un atentado a la igualdad.

No hay igualdad donde la clase rica se sobrepone y tiene más fueros que las otras.

Donde cierta clase monopoliza los destinos públicos.

Donde el influjo y el poder paraliza para los unos la acción de la ley y para los otros la robustece.

Donde solo los partidos, no la nación, son soberanos.

Donde las contribuciones no están igualmente repartidas y en proporción a los bienes e industria de cada uno.

Donde la clase pobre sufre sola las cargas sociales más penosas, como la milicia, etc.

Donde el último satélite del poder puede impunemente violar la seguridad y la libertad del ciudadano.

Donde las recompensas y empleos no se dan al mérito probado por hechos.

Donde cada empleado es un mandarín, ante quien debe inclinar la cabeza el ciudadano.

Donde los empleados son agentes serviles del poder, no asalariados y dependientes de la nación.

Donde los partidos otorgan a su antojo títulos y recompensas.

Donde no tiene merecimientos el talento y la probidad, sino la estupidez rastrera y la adulación.

Es también atentatorio a la igualdad, todo privilegio otorgado a corporación civil, militar o religiosa, academia o universidad; toda ley excepcional y de circunstancias.

La sociedad o el poder que la representa, debe a todos sus miembros igual protección, seguridad, libertad; si a unos se la otorga y a otros no, hay desigualdad y tiranía.

La potestad social no es moral ni corresponde a sus fines, si no protege a los débiles, a los pobres y a los menesterosos, es decir, si no emplea los medios que la sociedad ha puesto en su mano, para realizar la igualdad.

La igualdad está en relación con las luces y el bienestar de los ciudadanos.

Ilustrar las masas sobre sus verdaderos derechos y obligaciones, educarlas con el fin de hacerlas capaces de ejercer la ciudadanía y de infundirlas la dignidad de hombres libres, protegerlas y estimularlas para que trabajen y sean industriosas, suministrarles los medios de adquirir bienestar e independencia: he aquí el modo de elevarlas a la igualdad.

La única jerarquía que debe existir en una sociedad democrática, es aquélla que trae su origen de la naturaleza y es invariable y necesaria como ella.

El dinero jamás podrá ser un título, si no está en manos puras, benéficas y virtuosas. Un alma estúpida y villana, un corazón depravado y egoísta, podrán ser favorecidos de la fortuna; pero ni su oro, ni los inciensos del vulgo vil, les infundirán nunca lo que la naturaleza les negó, capacidad y virtudes republicanas.

Dios, inteligencia suprema, quiso que para tener el hombre el señorío de la creación y sobreponerse a las demás criaturas, descollase en razón e inteligencia.

La inteligencia, la virtud, la capacidad, el mérito probado; he aquí las únicas jerarquías de su origen natural y divino.

La sociedad no reconoce sino el mérito atestiguado por obras. Ella pregunta al general lleno de títulos y medallas: ¿qué victoria útil a la patria habéis ganado? Al mandatario y al acaudalado: ¿qué alivio habéis dado a las miserias y necesidades del pueblo? Al particular ¿por qué obras habéis merecido respeto y consideración de vuestros conciudadanos y de la humanidad? Y a todos, en suma, ¿en qué circunstancias os habéis mostrado capaces, virtuosos y patriotas?

Aquel que nada tiene que responder a estas preguntas y manifiesta, sin embargo, pretensiones y ambiciona supremacía, es un insensato que solo merece lástima o menosprecio.

El problema de la igualdad social está entrañado en este principio: «A cada hombre, según su capacidad; a cada hombre, según sus obras».

«Por la ley de Dios y de la humanidad todos los hombres son libres.»

«La libertad es el derecho que cada hombre tiene para emplear sin traba alguna sus facultades en el conseguimiento de su bienestar y para elegir los medios que puedan servirle a este objeto.»

El libre ejercicio de las facultades individuales no debe causar extorsión ni violencia a los derechos de otro. No hagas a otro lo que no quieras te sea hecho; la libertad humana no tiene otros límites.

No hay libertad, donde el hombre no puede cambiar de lugar a su antojo.

Donde no le es permitido disponer del fruto de su industria y de su trabajo.

Donde tiene que hacer al poder el sacrificio de su tiempo y de sus bienes.

Donde puede ser vejado e insultado por los sicarios de un poder arbitrario.

Donde sin haber violado la ley, sin juicio previo ni forma de proceso alguno, puede ser encarcelado o privado del uso de sus facultades físicas o intelectuales.

Donde se le coarta el derecho de publicar de palabra o por escrito sus opiniones.

Donde se le imponen una religión y un culto distinto del que su conciencia juzga verdadero.

Donde se le puede arbitrariamente turbar en sus hogares, arrancarle del seno de su familia y desterrarle fuera de su patria.

Donde su seguridad, su vida y sus bienes, están a merced del capricho de un mandatario.

Donde se le obliga a tomar las armas sin necesidad absoluta y sin que el interés general lo exija.

Donde se le ponen trabas y condiciones en el ejercicio de una industria cualquiera, como la imprenta, etc.

IV. 6. Dios, centro y periferia de nuestra creencia religiosa; el Cristianismo; su ley

La religión natural es aquel instinto imperioso que lleva al hombre a tributar homenaje a su Creador.

Las relaciones del hombre con Dios son como las de hijo a padre, de una naturaleza moral. Siendo Dios la fuente pura de nuestra vida y facultades, de nuestras esperanzas y alegrías, nosotros en cambio de estos bienes le presentamos la única ofrenda que pudiera apetecer, el tributo de nuestro corazón.

Pero la religión natural no ha bastado al hombre, porque careciendo de certidumbre, de vida y de sanción, no satisfacía las necesidades de su conciencia; y ha sido necesario que las religiones positivas que apoyan su autoridad sobre hechos históricos, viniesen a proclamar las leyes que deben regir esas relaciones íntimas entre el hombre y su Creador.

La mejor de las religiones positivas es el Cristianismo, porque no es otra cosa que la revelación de los instintos morales de la humanidad.

El Evangelio es la ley de Dios, porque les la ley moral de la conciencia de la razón.

El cristianismo trajo al mundo la fraternidad, la igualdad y la libertad, y rehabilitando al género humano en sus derechos, lo redimió. El Cristianismo es esencialmente civilizador y progresivo.

El mundo estaba sumergido en las tinieblas y el verbo de Cristo lo iluminó, y del caos brotó un mundo. La humanidad era un cadáver y recibió con su soplo la vida y la resurrección.

El Evangelio es la ley de amor, y como dice el apóstol Santiago, la ley perfecta, que es la ley de la libertad. El Cristianismo debe ser la religión de las democracias.

Examinadlo todo y escoged lo bueno, dice el Evangelio; y así ha proclamado la independencia de la razón y de la libertad de conciencia; porque la libertad consiste principalmente en el derecho de examen y de elección.

Toda religión presupone un culto. El culto es la parte visible o la manifestación exterior de la religión, como la palabra es un elemento necesario del pensamiento.

La religión es un pacto tácito entre Dios y la conciencia humana; ella forma el vínculo espiritual que une a la criatura con su Hacedor. El hombre deberá por consiguiente encaminar su pensamiento a Dios del modo que lo juzgue más conveniente. Dios es el único juez de los actos de su conciencia y ninguna autoridad terrestre debe usurpar esa prerrogativa divina, ni podrá hacerlo aunque quiera, porque la conciencia es libre.

Reprimida la libertad de conciencia, la voz y las manos ejercerán, si se quiere automáticamente, las prácticas de un culto; pero el corazón renegará dentro de sí mismo y guardará en su santuario inviolable la libertad.

Si la libertad de conciencia es un derecho del individuo, la libertad de cultos es un derecho de las comunidades religiosas.

Reconocida la libertad de conciencia, sería contradictorio no reconocer también la libertad de cultos, la cual no es otra cosa que la aplicación inmediata de aquélla.

La profesión de las creencias y los cultos solo serán libres cuando no se ponga obstáculo alguno a la predicación de la doctrina de las primeras, ni a la práctica de los segundos, y cuando los individuos de cualquier comunión religiosa sean iguales en derechos civiles y políticos a los demás ciudadanos.

La sociedad religiosa es independiente de la sociedad civil; aquélla encamina sus esperanzas a otro mundo, ésta las concentra en la tierra; la misión de la primera es espiritual, la de la segunda temporal. Los tiranos han fraguado de la religión cadenas para el hombre, y de aquí ha nacido la impura liga del poder y el altar.

No incumbe al gobierno reglamentar las creencias, interponiéndose entre Dios y la conciencia humana, sino escudar los principios conservadores de la sociedad y tener bajo su salvaguardia la moral social.

Si alguna religión o culto tendiese pública o directamente, por actos o por escritos, a herir la moral social y alterar el orden, será del deber del gobierno obrar activamente para reprimir sus desafueros.

La jurisdicción del gobierno en cuanto a los cultos, deberá ceñirse a velar para que no se dañen entre sí, ni siembren el desorden en la sociedad.

El Estado, como cuerpo político, no puede tener una religión, porque no siendo persona individual, carece de conciencia propia.

El dogma de la religión dominante es además injusto y atentatorio a la igualdad, porque pronuncia excomunión social contra los que no profesan su creencia, y los priva de sus derechos naturales, sin eximirlos de las cargas sociales.

El principio de la libertad de conciencia jamás podrá conciliarse con el dogma de la religión del Estado.

Reconocida la libertad de conciencia, ninguna religión debe declararse dominante, ni patrocinarse por el Estado; todas igualmente deberán ser respetadas y protegidas, mientras su moral sea pura y su culto no atente al orden social.

La palabra tolerancia, en materia de religión y de cultos no anuncia sino la ausencia de libertad y envuelve una injuria contra los derechos de la humanidad. Se tolera lo inhibido o lo malo; un derecho se reconoce y se proclama. El espíritu humano es una esencia libre; la libertad es un elemento indestructible de su naturaleza y un don de Dios.

El sacerdote es ministro del culto; el sacerdocio es un cargo público. La misión del sacerdote es moralizar; predicar fraternidad, caridad, es decir, la ley de paz y de amor, la ley de Dios.

El sacerdote que atiza pasiones y provoca venganzas desde la cátedra del Espíritu Santo, es impío y sacrílego.

Amad a vuestro prójimo como a vosotros mismos: amad a vuestros enemigos, dice Cristo; he aquí la palabra del sacerdote.

El sacerdote debe predicar tolerancia, no persecución contra la indiferencia o la impiedad. La fuerza hace hipócritas, no creyentes, y enciende el fanatismo y la guerra.

«¿Cómo tendrán fe en la palabra del sacerdote si él mismo no observa la ley? El que dice que conoce a Dios y no guarda sus mandamientos es mentiroso y no hay verdad en él.»

«Nosotros no exigimos obediencia ciega, dice san Pablo, nosotros enseñamos, probamos, persuadimos: Fides suadenda non imperanda, repite san Bernardo.»

La misión del sacerdote es exclusivamente espiritual, porque mezclándose a las pasiones e intereses mundanos, compromete y mancha la santidad de su ministerio y se acarrea menosprecio y odio en lugar de amor y veneración.

Los vicarios y ministros de Cristo no deben ejercer empleos ni revestir autoridad alguna temporal: Regnum meum non est de hoc mundo, les ha dicho su divino maestro y así les ha señalado los límites del gobierno de su Iglesia.

Los eclesiásticos, como miembros del Estado, están bajo su jurisdicción y no pueden formar un cuerpo privilegiado y distinto en la sociedad. Como los demás ciudadanos estarán sujetos a las mismas cargas y obligaciones, a las mismas leyes civiles y penales y a las mismas autoridades. Todos los hombres son iguales; solo el mérito y la virtud engendran supremacía.

V. 7. El honor y el sacrificio, móvil y norma de nuestra conducta social

La moral regla los actos del hombre privado; el honor los del hombre público.

La moral pertenece al fuero de la conciencia individual y es la norma de la conducta del hombre con relación a sí mismo y a sus semejantes. El honor entra en el fuero de la conciencia del hombre social y es la norma de sus acciones con relación a la sociedad.

Existe cierto desacuerdo entre algunos preceptos evangélicos y la organización actual de las sociedades.

Hay ciertas acciones que la moral aprueba en el hombre privado y reprueba en el hombre público. Es por lo mismo necesario adoptar la palabra honor, la cual vulgarmente se aplica al hombre público que se conduce con honradez y probidad, puesto que ella designa la moralidad en los actos.

El honor y la moral son dos términos idénticos que conducen a idéntico resultado.

La moral será el dogma del cristiano y del hombre privado; el honor, el dogma del ciudadano y del hombre público.

El hombre de honor no traiciona los principios.

El hombre de honor es veraz, no falta a su palabra, no viola la religión del juramento; ama lo verdadero y lo justo; es caritativo y benéfico.

El hombre de honor no prevarica, tiene rectitud y probidad, no vende sus favores cuando se halla elevado en dignidad.

El hombre de honor es buen amigo, no traiciona al enemigo que viene a ponerse bajo su salvaguardia; el hombre de honor es virtuoso, buen patriota y buen ciudadano.

El hombre de honor detesta la tiranía porque tiene fe en los principios y no es egoísta: la tiranía es el egoísmo encarnado.

El hombre de honor se sacrifica, si es necesario, por la justicia y la libertad.

No hay honor ni virtud sin sacrificio; ni habrá lugar al sacrificio permaneciendo en la inacción.

El que no obra cuando el honor lo llama, no merece el título de hombre.

El que no obra cuando la patria está en peligro, no merece ser hombre ni ciudadano.

La virtud de las virtudes es la acción encaminada al sacrificio.

El sacrificio es aquella disposición generosa del ánimo, que lleva al hombre a consagrar su vida y facultades, ahogando a menudo las sugestiones de su interés personal y de su egoísmo, a la defensa de una causa que considera justa; al logro de un bien común a su patria y a sus semejantes; a cumplir con sus deberes de hombre y de ciudadano siempre y a pesar de todo; y a derramar su sangre si es necesario para desempeñar tan alta y noble misión.

Todo hombre, pues, tiene una misión. Toda misión es obligatoria.

Solo es digno de alabanza el que conociendo su misión, está siempre dispuesto a sacrificarse por la patria y por la causa santa de la libertad, la igualdad y la fraternidad.

Solo es acreedor a gloria, el que trabaja por el progreso y bienestar de la humanidad.

Solo se granjea respeto y consideraciones, el que cifra su valer en su capacidad y virtudes.

«Sabéis que aquellos que se creen mandar a las gentes, se enseñorean de ellas, y los príncipes de ellas tienen potestad sobre ellas.»

«Más no es así entre vosotros, antes el que quisiere ser el mayor será vuestro criado.»

«Y el que quisiere ser el primero entre vosotros será siervo de todos.»

«Porque el Hijo del hombre no vino para ser servido sino para servir y dar su vida en rescate por muchos.»

La doctrina de Cristo es la nuestra, porque es la doctrina de salud y redención.

El que quiera sobreponerse, se sacrificará por los demás.

El que quiera ver ensalzado su nombre, buscará por pedestal el corazón de sus conciudadanos.

El que ambicione gloria, la fabricará con la acción intensa de su inteligencia y sus brazos.

La libertad no se adquiere sino a precio de sangre.

«La libertad es el pan que los pueblos deben ganar con el sudor de su rostro.»

El egoísmo labra para sí el sacrificio para los demás.

El sacrificio es el decreto de muerte de las pasiones egoístas. Ellas han traído la guerra, los desastres y la tiranía al suelo de la patria. Solo sacrificándonos lograremos redimirla, emular las virtudes de los que la dieron ser y conquistar nobles lauros.

VI. 8. Adopción de todas las glorias legítimas tanto individuales como colectivas de la revolución; menosprecio de toda reputación usurpada e ilegítima

Sentados y reconocidos los antecedentes principios, solo serán para nosotros glorias legítimas, aquéllas que hayan sido adquiridas por la senda del honor; aquéllas que no estén manchadas de iniquidad o injusticia; aquéllas obtenidas a fuerza de heroísmo, constancia y sacrificio; aquéllas que hayan dejado, sea en los campos de batalla, sea en el gabinete, la prensa o la tribuna, rastros indelebles de su existencia; aquéllas, en suma, que pueda sancionar el incorruptible juicio de la filosofía.

Hay grande diferencia entre gloria y reputación. El que quiere reputación, la consigue. Ella se encuentra en un título, en un grado, en un empleo, en un poco de oro, en un vaivén del acaso, en aventuras personales, en la lengua de los amigos y de la lisonja rastrera.

La reputación es el humo que ambicionan las almas mezquinas y los hombres descorazonados.

Pero la reputación va a parar a menudo a un mismo féretro con el que la poseyó, y en un día se convierte en humo, polvo y nada. En vano grabará la vanidad sobre la lápida que la cubre un nombre. Ese nombre nadie lo conoce, es un enigma que nadie entiende, es algo que fue y dejó de ser, como cualquier animal o planta; sin que se sepa para qué lo vació Dios en el molde del hombre y estampó en su frente la dignidad de la razón y la inteligencia.

La gloria es distinta. La gloria es como planta perenne, cuyo verdor nunca amarillea. La gloria echa raíces tan profundas, que llegan al corazón de la Tierra, y se levanta a las nubes incontrastable como el cedro del Líbano.

La gloria prende y se arraiga en todos los corazones; la gloria es el himno perpetuo de alabanza que consagra un pueblo o la humanidad reconocida al ingenio, a la virtud y al heroísmo.

La gloria es la riqueza del grande hombre adquirida con el sudor de su rostro.

Grande hombre es aquél que, conociendo las necesidades de su tiempo, de su siglo, de su país, y confiando en su fortaleza, se adelanta a satisfacerlas; y a fuerza de tesón y sacrificios, se labra con la espada o la pluma, el pensamiento o la acción, un trono en el corazón de sus conciudadanos o de la humanidad.

Grande hombre es aquél cuya vida es una serie de hechos y triunfos, de ilusiones y desengaños, de agonías y deleites inefables, por alcanzar el alto bien prometido a sus esperanzas.

Grande hombre es aquél cuya personalidad es tan vasta, tan intensa y activa, que abraza en su esfera todas las personalidades humanas, y encierra en sí mismo, en su corazón y cabeza, todos los gérmenes inteligentes y afectivos de la humanidad.

Grande hombre es aquél que el dedo de Dios señala entre la muchedumbre para levantarse y descollar sobre todos por la omnipotencia de su genio.

El grande hombre puede ser guerrero, estadista, legislador, filósofo, poeta, hombre científico.

Solo el genio es supremo después de Dios. La supremacía del genio constituye su gloria, y el apoteosis de la razón. El genio es la razón por excelencia.

Toda otra supremacía no es más que vanidad pueril, ignorancia sin seso. Pero desde la altura donde el genio se sienta como soberano, hasta la más ínfima grada de la sociedad, hay mil escalones donde pueden colocarse otras tantas glorias también legítimas, pero más humildes; hay mil lugares para el hombre de mérito; mil lauros que puede ambicionar la capacidad, la virtud y el heroísmo, con tal que marchen por la senda del honor y lleven siempre al frente de sus pretensiones el título legítimo que las sanciona.

Ambición legítima es aquélla que se ajusta a la ley y marcha a sus fines por la senda que ella traza. Toda otra ambición, no es más que el frenesí de las más innobles pasiones, cubierto con la máscara del verdadero mérito.

El que se siente capaz de hacer una cosa, de llevar a cabo una grande empresa, de ocupar un puesto elevado, debe ambicionarlo; pero sin hollar la ley ni la justicia, ni emplear los medios reservados a la incapacidad y la malicia.

La astucia es un instinto animal que poseen en alto grado los hombres que carecen de inteligencia, y el cual emplean sin rubor para llegar a sus depravados fines.

La virtud y la capacidad marchan a cara descubierta; la hipocresía y la estupidez se la cubren.

No hay gloria individual legítima sin estas condiciones. En este crisol pondremos la reputación de nuestras notabilidades revolucionarias, en esta balanza las pesaremos; con esta medida mediremos y con ella queremos ser medidos.

Hemos entrado recién en la vía del progreso: estamos al principio de un camino que nos proponemos andar; no tenemos ni gloria, ni dignidad, nada poseemos. Cuando hayamos concluido nuestra carrera, estaremos prontos a aparecer ante el tribunal de las generaciones venideras, y a que se pesen nuestras obras en la misma balanza donde nosotros pesaremos las de la generación pasada.

Contados son, en nuestra opinión, los hombres que han merecido la reputación y honores que les ha tributado el entusiasmo de la opinión y de los partidos. Nos reservamos hacer un inventario de sus títulos y colocarlos en su verdadero pedestal. ¿Dónde irán a parar entonces todas esas reputaciones tradicionales? ¿Todos esos grandes hombres raquíticos? ¿Todos esos pigmeos que la ignorancia y la vanidad han hecho colosos?

Difícil es discernir el verdadero mérito de los hombres públicos, cuando la opinión general no lo sanciona, sino lo proclaman las pasiones e intereses de sus partidarios. Nosotros que no hemos tenido todavía vida pública ni pertenecido a ningún partido; que no hemos contaminado nuestras almas con las iniquidades ni torpezas de la guerra civil; nosotros somos jueces competentes para conocerlo a fondo y dar a cada cual según sus obras; y lo haremos sin consideraciones ni reticencias.

Todas las naciones tienen sus grandes hombres, símbolos permanentes de su gloria.

La gloria de sus grandes hombres es el patrimonio más querido de las naciones, porque ella representa toda su ilustración y progreso, toda su riqueza intelectual y material, toda su civilización y poderío.

¡Feliz la nación que cuenta entre sus hijos muchos grandes hombres! Nosotros tenemos pocos, pero su gloria constituye el patrimonio de la patria y no la repudiaremos.

La única gloria que puede legitimar la filosofía en el soldado, es aquélla conquistada en los campos de batalla, luchando por la causa de la independencia y la libertad de su patria.

Vosotros militares, que os envanecéis con llevar en vuestros hombros insignias y en vuestro pecho medallas, miradlas bien no estén salpicadas de sangre fratricida; ruborizaos y arrojadlas, si así fuere; vuestra gloria es entonces hija de maldición.

La única gloria que puede legitimar la filosofía en el magistrado, el legislador o el estadista, es aquélla que se muestra pura y deja rastros permanentes de sabiduría, de razón e inteligencia.

Vosotros legisladores, estadistas, magistrados, que os llenáis de orgullo porque os sentasteis en la silla del poder y la turba repitió vuestro nombre, ved primero si fuisteis acreedores a aquella dignidad, y si vuestras obras y pensamientos han sido de alguna utilidad a la patria.

La única gloria que puede legitimar la filosofía en el pensador, en el literato o el escritor, es aquélla que ilustra y civiliza, que extiende la esfera del saber humano y que graba en diamante con el buril del genio sus obras inmortales.

Vosotros literatos, escritores y pensadores, que os vanagloriáis tanto de vuestro saber y del incienso que os prodiga la ciega muchedumbre; mostradnos los títulos de vuestras obras, los partos de vuestro ingenio, el tesoro de vuestra ciencia y la sabiduría de vuestra doctrina; mostradla pronto, que andamos desvalidos y descaminados por falta de luz; sed caritativos por Dios con vuestros hermanos. Miraos bien, no enterréis con vuestro nombre y vuestra fama ese tan decantado tesoro.

Las glorias colectivas de la revolución, son aquéllas conquistadas por el heroico esfuerzo de la nación en la guerra de la independencia y por los patriotas de Mayo y Julio; todas ellas son santas y legítimas.

La filosofía solo puede absolver las batallas emancipadoras, porque de la sangre que derraman brota la libertad, y de las ruinas y cadáveres que siembran, nace la vida y la resurrección de un pueblo.

La guerra civil y la conquista producen solamente la muerte y la tiranía y son hijas de abominación. ¡Qué lauro aquél teñido en sangre de hermanos o enrojecido con sangre de oprimidos!

Un pueblo que cuenta glorias legítimas en su historia, es un pueblo grande que tiene porvenir y misión propia.

El pueblo argentino llevó el estandarte de la emancipación política hasta el Ecuador. La iniciativa de la emancipación social le pertenece. Su bandera será el símbolo de dos revoluciones; el Sol de sus armas, el astro regenerador de medio mundo.

VII. 9. Continuación de las tradiciones progresivas de la revolución de Mayo

La revolución americana, como todas las grandes revoluciones del mundo, ocupada exclusivamente en derribar el edificio gótico labrado en siglos de ignorancia por la tiranía y la fuerza, no tuvo tiempo ni reposo bastante para reedificar otro nuevo; pero proclamó, sin embargo, las verdades que el largo y penoso alumbramiento del espíritu humano había producido, para que sirviesen de fundamento a la reorganización de las sociedades modernas.

Los revolucionarios de Mayo sabían que la primera exigencia de la América era la independencia de hecho de la metrópoli, y que, para fundar la libertad, era preciso emancipar primero la patria.

Absortos en este pensamiento, echaron, sin embargo, una mirada al porvenir y bosquejaron de paso a las generaciones venideras el plan de la obra inmensa de la emancipación argentina.

En sus decretos y leyes, improvisadas en medio de los azares de la lucha y del estrépito de las armas, se hallan consignados los principios eternos que entran en el código de todas las naciones libres.

La libertad individual y de expresar y publicar las ideas sin previa censura. Ellas dicen «que el cuerpo social debe garantir y afianzar los derechos del hombre, aliviar la miseria y desgracia de los ciudadanos y propender a su prosperidad e instrucción; que la ignorancia es causa de esa inmoralidad que apaga todas las virtudes y produce todos los crímenes; que ningún ciudadano podrá ser penado sin proceso y sentencia legal; que las cárceles son para seguridad, no para castigo de los reos; que el crimen es la infracción de la ley vigente; que todo ciudadano debe sobrellevar cuantos sacrificios demande la patria en sus necesidades y peligros, sin que se exceptúe el de la vida; y que por su parte cada ciudadano debe contribuir al sostén y conservación de los derechos de sus conciudadanos y a la felicidad pública; que un habitante de Buenos Aires, ni ebrio, ni dormido debe tener inspiraciones contra la libertad de su patria; ellas, en fin, declaran que solo el pueblo es el origen y el creador de todo poder».

¡Bello y magnífico programa! ¡Pero cuán distantes estamos de verlo realizado! Estos principios tan santos no han pasado de las leyes y han sido como una obra abstracta que no está al alcance del entendimiento común.

A pesar de esto, los legisladores de la revolución hicieron lo que pudieron. Conocieron sin duda que la inteligencia del pueblo no estaba en sazón para valorar su importancia; que había en sus sentimientos, en sus costumbres, en su modo de ver y sentir, ciertos instintos reaccionarios contra todo lo nuevo y que no entendía; pero era necesario obrar y obraron.

Necesitaban del pueblo para despejar de enemigos el campo donde debía germinar la semilla de la libertad y lo declararon soberano sin límites.

No fue extravío de ignorancia, sino necesidad de los tiempos. Era preciso atraer a la nueva causa a los votos y los brazos de la muchedumbre, ofreciéndole el cebo de una soberanía omnipotente. Era preciso hacer conocer al esclavo que tenía derechos iguales a los de su señor, y que aquellos que lo habían oprimido hasta entonces, no eran más que unos tiranuelos que podía aniquilar con el primer amago de su valor; y en vez de decir, la soberanía reside en la razón del pueblo, dijeron: el pueblo es soberano.

Pero, estando de hecho el pueblo, después de haber pulverizado a los tiranos, en posesión de la soberanía, era difícil ponerle coto. La soberanía era un derecho adquirido a costa de su sangre y de su heroísmo. Los ambiciosos y malvados, para dominar, atizaron a menudo sus instintos retrógrados y lo arrastraron a hollar las leyes que como soberano había dictado; a derribar gobiernos constituidos, anarquizar y trastornar el orden social; y a entregarse sin freno a los caprichos de su voluntad y al desagravio violento de sus antipatías irracionales.

El principio de la omnipotencia de las masas debió producir todos los desastres que ha producido y acabar por la sanción y establecimiento del despotismo.

Pero ese principio ha sido también fértil en útiles resultados. El pueblo, antes de la revolución, era algo sin nombre ni influencia; después de la revolución apareció gigante y sofocó en sus brazos al león de España. La turba, el populacho, antes sumergido en la nulidad, en la impotencia, se mostró entonces en la superficie de la sociedad, no como espuma vil, sino como una potestad destinada por la Providencia para dictar la ley y sobreponerse a cualquiera otra potestad terrestre.

La soberanía pasó de los opresores a los oprimidos, de los reyes al pueblo, y nació de repente en las orillas del Plata la democracia; y la democracia crecerá; su porvenir es inmenso.

Ese pueblo, deslumbrado hasta aquí por la majestad de su omnipotencia, conocerá vuelto en sí, que no le fue dada por Dios, sino para ejercerla en los límites del derecho como instrumento de bien. Ese pueblo se ilustrará; los principios de la revolución de Mayo penetrarán al cabo hasta su corazón y llegarán a ser la norma de sus acciones.

He aquí una generación que viene en pos de la generación de Mayo; hija de ella, hereda sus pensamientos y tradiciones; nacida en la aurora de la libertad, busca con ojos inquietos en el cielo oscurecido de la patria el astro hermoso que resplandeció sobre su cuna.

Ella viene a continuar la obra de sus padres, enriquecida con las lecciones del estudio y de la experiencia.

Ella conoce todo lo que hay de incompleto en esas instituciones, dictadas al acaso en los conflictos de la inexperiencia y de la necesidad y se prepara a completarlas o perfeccionarlas con el auxilio de la luz y progreso de la ciencia social.

Ella procurará ponerlas en armonía con los adelantos de la razón pública y se esforzará para que lleguen un día a ser el credo político de todas las inteligencias y a tener viva y permanente realidad.

VIII. 10. Independencia de las tradiciones retrógradas que nos subordinan al Antiguo Régimen

Dos ideas aparecen siempre en el teatro de las revoluciones: la idea estacionaria que quiere el *statu quo*, y se atiene a las tradiciones del pasado y la idea reformadora y progresiva; el régimen antiguo y el espíritu moderno. Cada una de estas dos ideas tiene sus representantes y sectarios, y de la antipatía y lucha de ellos, nacen la guerra y los desastres de una revolución.

El triunfo de la revolución es para nosotros el de la idea nueva y progresiva; es el triunfo de la causa santa de la libertad del hombre y de los pueblos. Pero ese triunfo no ha sido completo, porque las dos ideas se hostilizan sordamente todavía; y porque el espíritu nuevo no ha aniquilado completamente al espíritu de las tinieblas.

La generación americana lleva inoculados en su sangre los hábitos y tendencias de otra generación. En su frente se notan, si no el abatimiento del esclavo, las cicatrices recientes de la pasada esclavitud.

Su cuerpo se ha emancipado, pero su inteligencia no.

Se diría que la América revolucionaria, libre ya de las garras del león de España, está sujeta aún a la fascinación de sus miradas y al prestigio de su omnipotencia.

La América independiente, sostiene en signo de vasallaje, los cabos del ropaje imperial de la que fue su señora y se adorna con sus apolilladas libreas.

¡Cosa monstruosa! ¡Una virgen llena de vida y robustez, cubierta de andrajosos harapos: la democracia engalanada con los blasones de la monarquía y la empolvada cabellera de la aristocracia; un siglo nuevo embutido en otro viejo; un joven caminando al paso de la decrepitud; un cadáver y un vivo cubiertos de una misma mortaja; la América revolucionaria envuelta todavía en los pañales de la que fue su madrastra!

Dos legados funestos de la España traban principalmente el movimiento progresivo de la revolución americana: sus costumbres y su legislación.

Un orden político nuevo exige nuevos elementos para constituirlo.

Las costumbres de una sociedad fundada sobre la desigualdad de clases, jamás podrán fraternizar con los principios de la igualdad democrática.

La España nos dejó por herencia la rutina, y la rutina no es otra cosa en el orden moral, que la abnegación del derecho de examen y de elección, es decir, el suicidio de la razón; y en el orden físico, seguir la vía trillada, no innovar, hacer siempre las cosas en el mismo molde, ajustarlas a la misma medida; y la democracia exige acción, innovación, ejercicio constante de todas las facultades del hombre, porque el movimiento es la esencia de su vida.

La España nos imbuía en el dogma del respeto ciego a la tradición y a la autoridad infalible de ciertas doctrinas; y la filosofía moderna proclama el dogma de la independencia de la razón y no reconoce otra autoridad que la que ella sanciona, ni otro criterio para decidir sobre principios y doctrinas, que el consentimiento uniforme de la humanidad.

La España nos recomendaba respeto y deferencia a las opiniones de las canas, y las canas podrán ser indicio de vejez pero no de inteligencia y de razón.

La España nos enseñaba a ser obedientes y supersticiosos y la democracia nos quiere sumisos a la ley, religiosos y ciudadanos.

La España nos educaba para vasallos y colonos, y la patria exige de nosotros una ilustración conforme a la dignidad de hombres libres.

La España dividía la sociedad en cuerpos, jerarquías, profesiones y gremios, y ponía al frente de sus leyes, clero, nobleza, estado llano o turba anónima; y la democracia, nivelando todas las condiciones, nos dice: que no hay más jerarquías que las que establece la ley para el gobierno de la sociedad; que el magistrado fuera del lugar donde ejerce sus funciones, se confunde con los demás ciudadanos; que el sacerdote, el militar, el abogado, el comerciante, el artesano, el rico y el pobre, todos son unos; que el último de la plebe es hombre igual en derechos a los demás y que lleva impresa en su frente la dignidad de su naturaleza; que solo la probidad, el talento y el ingenio engendran supremacía; que el que ejerce la más ínfima industria, si tiene capacidad y virtudes, no es menos que el sacerdote, el abogado u otro que emplea sus facultades en cualquiera otra profesión; que no hay profesiones unas más nobles que las otras, porque la nobleza no consiste en vestir hábito talar o en llevar tal título, sino en las acciones; y que, en suma, en una sociedad democrática solo son dignos, sabios y virtuosos y acreedores a consideración, los que propenden con sus fuerzas naturales al bien y prosperidad de la patria.

Para destruir estos gérmenes nocivos y emanciparnos completamente de esas tradiciones añejas, necesitamos una reforma radical en nuestras costumbres; tal será la obra de la educación y de las leyes.

Una legislación semibárbara, dictada en tiempos tenebrosos por el capricho o la voluntad de un hombre, para escudar los intereses y afianzar el predominio de ciertas clases; una legislación hecha, no para satisfacer las necesidades de nuestra sociedad, sino para robustecer la tiranía de la metrópoli; una legislación destinada a los colonos y vasallos, no a ciudadanos; una legislación que eterniza los pleitos y diferencias, causando la ruina de los particulares y del Estado; que abre ancho campo a la mala fe y los abusos; que da margen a las cavilaciones de una jurisprudencia oscura y vacilante, erizada de argucias escolásticas; una legislación, en suma, que no tiene raíz alguna en la inteligencia de la nación y que mina por el cimiento los principios de la igualdad y la libertad democrática, jamás podrá convenir a la América independiente.

Nuestra legislación debe ser parto de la inteligencia y costumbres de la nación.

Educar al pueblo, morigerarlo, será el modo de preparar los elementos de una legislación adecuada a nuestro estado social y a nuestras necesidades.

La obra de la legislación es lenta, porque las costumbres no se modifican de un golpe.

Las leyes influyen sobremanera en mejora de las costumbres. Cuando las leyes son malas, las costumbres se depravan; cuando buenas, se mejoran.

Los vicios de un pueblo están casi siempre entrañados en el fondo de su legislación. La América lo atestigua. Las costumbres americanas son hijas de las leyes españolas.

Nuestras leyes positivas deben estar en armonía con los principios de derecho natural. Jus privatum latet sub tutela juris publici. Porque así como la razón es el fundamento de todos los derechos, la ley natural es la regla primitiva y el origen de todas las otras leyes.

Ellas serán personales o igualmente obligatorias para todos. La fuerza de la ley no consiste sino en que ella recaiga sobre todos.

Ellas fijarán a cada ciudadano los límites de sus respectivos derechos y obligaciones, y les enseñarán lo útil o nocivo a su interés particular y al colectivo de la sociedad.

Si la ley debe ser una para todos, ninguna clase civil, militar o religiosa tendrá leyes especiales, sino que estará sujeta a la ley común.

A la realización de estos principios deben encaminarse las miras de nuestros legisladores.

Un cuerpo completo de leyes americanas, elaborado en vista del progreso gradual de la democracia, sería el sólido fundamento del edificio grandioso de la emancipación del espíritu americano.

IX. 11. Emancipación del espíritu americano

El gran pensamiento de la revolución no se ha realizado. Somos independientes, pero no libres. Los brazos de la España no nos oprimen, pero sus tradiciones nos abruman. De las entrañas de la anarquía nació la contrarrevolución.

La idea estacionaria, la idea española, saliendo de su tenebrosa guarida, levanta de nuevo triunfante su estólida cabeza y lanza anatemas contra el espíritu reformador y progresivo.

Pero su triunfo será efímero. Dios ha querido y la historia de la humanidad lo atestigua, que las ideas y los hechos que existieron desaparezcan de la escena del mundo y se engolfen por siempre en el abismo del pasado, como desaparecen una tras otra las generaciones. Dios ha querido que el día de hoy no se parezca al de ayer; que el siglo de ahora no sea una repetición monótona del anterior; que lo que fue no renazca; y que en el mundo moral como en el físico, en la vida del hombre como en la de los pueblos, todo marche y progrese, todo sea actividad incesante y continuo movimiento.

La contrarrevolución no es más que la agonía lenta de un siglo caduco, de las tradiciones retrógradas del Antiguo Régimen, de unas ideas que tuvieron ya completa vida en la historia. ¿Quién violando la ley de Dios podrá reanimar ese espectro que se levanta en sus delirios envuelto ya en el sudario de la tumba? ¿El esfuerzo impotente de algunos espíritus obcecados? ¡Quimera!

La revolución ruge sordamente en las entrañas de nuestra sociedad. Ella espera para asomar la cabeza, la reaparición del astro generador de la patria; ella afila en la oscuridad sus armas y aguza sus lenguas de fuego en las cárceles donde la oprimen y la ponen mordaza; ella enciende todos los corazones patriotas; ella madura en silencio sus planes reformadores y cobra en el ocio mayor inteligencia y poderío.

La revolución marcha, pero con grillos. A la joven generación toca despedazarlos y conquistar la gloria de la iniciativa en la grande obra de la emancipación del espíritu americano, que se resume en estos dos problemas: emancipación política y emancipación social.

El primero está resuelto, falta resolver el segundo.

En la emancipación social de la patria está vinculada su libertad.

La emancipación social americana solo podrá conseguirse, repudiando la herencia que nos dejó la España y concretando toda la acción de nuestras facultades al fin de constituir la sociabilidad americana.

La sociabilidad de un pueblo se compone de todos los elementos de la civilización; del elemento político, del filosófico, del religioso, del científico, del artístico, del industrial.

La política americana tenderá a organizar la democracia, o en otros términos, la igualdad y la libertad, asegurando, por medio de leyes adecuadas, a todos y a cada uno de los miembros de la asociación, el más amplio y libre ejercicio de sus facultades naturales. Ella reconocerá el principio de la independencia y soberanía de cada pueblo, trazando con letras de oro en la empinada cresta de los Andes, a la sombra de todos los estandartes americanos, este emblema divino: la nacionalidad es sagrada. Ella fijará las reglas que deben regir sus relaciones entre sí y con los demás pueblos del mundo.

La filosofía reconoce a la razón individual como único juez de todo lo que toca al individuo; y a la razón colectiva, o al consensus general, como al árbitro soberano de todo lo que atañe a la sociedad.

La filosofía en la asociación procurará establecer el pacto de alianza de la razón individual y de la razón colectiva del ciudadano y de la patria.

La filosofía ilumina la fe, explica la religión y la subordina también a la ley del progreso.

La filosofía en la naturaleza inerte, busca la ley de su generación; en la animalidad, la ley del desarrollo de la vida de todos los seres; en la historia, el hilo de la tradición progresiva de cada pueblo y de la humanidad, y por consiguiente la manifestación de los designios de la Providencia; en el Arte, busca el pensamiento individual y el pensamiento social, los cuales confronta y explica; o en términos metafísicos, la expresión armoniosa de la vida finita y contingente, y de la vida absoluta, infinita, humanitaria.

La filosofía sujeta a leyes racionales la industria y el trabajo material del hombre.

La filosofía, en suma, es la ciencia de la vida en todas sus manifestaciones posibles, desde el mineral a la planta, desde la planta al insecto infusorio, desde el insecto al hombre, desde el hombre a Dios.

La filosofía es el ojo de la inteligencia examinando e interpretando las leyes necesarias que rigen al mundo físico y moral, o al universo.

La religión es el cimiento moral sobre que descansa la sociedad, el bálsamo divino del corazón, la fuente pura de nuestras esperanzas venideras y la escala mística por donde suben al cielo los pensamientos de la Tierra.

La ciencia enseña al hombre a conocerse a sí mismo, a penetrar los misterios de la naturaleza, a levantar su pensamiento al Creador y a encontrar los medios de mejora y perfección individual y social.

El Arte abarca en sus divinas inspiraciones todos los elementos morales y afectivos de la humanidad: lo bueno, lo justo, lo verdadero, lo bello, lo sublime, lo divino; la individualidad y la sociedad, lo finito y lo infinito; el amor, los presentimientos, las visiones del alma, las intuiciones más vagas y misteriosas de la conciencia; todo lo penetra y abarca con su espíritu profético; todo lo mira a través del brillante prisma de su imaginación, lo anima con el soplo de fuego de su palabra generatriz, lo embellece con los lúcidos colores de su paleta y lo traduce en inefables o sublimes armonías. Él canta el heroísmo y la libertad, y solemniza todos los grandes actos, tanto internos como externos de la vida de las naciones.

La industria pone en manos del hombre los instrumentos para domeñar las fuerzas de la naturaleza, labrarse su bienestar y conquistar el señorío de la creación.

Política, filosofía, ciencia, religión, arte, industria, todo deberá encaminarse a la democracia, ofrecerle su apoyo y cooperar activamente a robustecerla y cimentarla.

En el desarrollo natural, armónico y completo de estos elementos, está enumerado el problema de la emancipación del espíritu americano.

X. 12. Organización de la patria sobre la base democrática

La igualdad y la libertad son los dos ejes centrales, o más bien, los dos polos del mundo de la democracia.

La democracia parte de un hecho necesario, es decir, la igualdad de clases, y marcha con paso firme hacia la conquista del reino de la libertad más amplia, de la libertad individual, civil y política.

La democracia no es una forma de gobierno, sino la esencia misma de todos los gobiernos republicanos, o instituidos por todos para el bien de la comunidad o de la asociación.

La democracia es el régimen de la libertad fundado sobre la igualdad de clases.

Todas las asociaciones políticas modernas tienden a establecer la igualdad de clases, y puede asegurarse, observando el movimiento progresivo de las naciones europeas y americanas, «que el desenvolvimiento gradual de la igualdad de clases es una ley de la Providencia, pues reviste sus principales caracteres; es universal, durable, se sustrae de día en día al poder humano y todos los acontecimientos y todos los hombres conspiran sin saberlo a extenderla y afianzarla».

La democracia es el gobierno de las mayorías, o el consentimiento uniforme de la razón de todos, obrando para la creación de la ley y para decidir soberanamente sobre todo aquello que interesa a la asociación.

Ese consentimiento general y uniforme constituye la soberanía del pueblo.

La soberanía del pueblo es ilimitada en todo lo que pertenece a la sociedad, en la política, en la filosofía, en la religión; pero el pueblo no es soberano de lo que toca al individuo, de su conciencia, de su propiedad, de su vida y su libertad.

La asociación se ha establecido para el bien de todos; ella es el fondo común de todos los intereses individuales o el símbolo animado de la fuerza e inteligencia de cada uno.

El fin de la asociación es organizar la democracia y asegurar a todos y cada uno de los miembros asociados, la más amplia y libre fruición de sus derechos naturales; el más amplio y libre ejercicio de sus facultades.

Luego el pueblo soberano o la mayoría no puede violar esos derechos individuales, coartar el ejercicio de esas facultades, que son a un tiempo el origen, el vínculo, la condición y el fin de la asociación.

Desde el momento que las viola, el pacto está roto, la asociación se disuelve, y cada uno será dueño absoluto de su voluntad y sus acciones y de cifrar su derecho en su fortaleza.

Resulta de aquí, que el límite de la razón colectiva es el derecho; y el límite de la razón individual, la soberanía de la razón del pueblo.

El derecho del hombre es anterior al derecho de la asociación. El individuo por la ley de Dios y de la humanidad es dueño exclusivo de su vida, de su propiedad, de su conciencia y su libertad: su vida es un don de Dios; su propiedad, el sudor de su rostro; su conciencia, el ojo de su alma y el juez íntimo de sus actos; su libertad, la condición necesaria para el desarrollo de las facultades que Dios le dio con el fin de que viviese feliz, la esencia misma de su vida, puesto que la vida sin libertad es muerte.

El derecho de la asociación está, por consiguiente, circunscrito en la órbita de los derechos individuales.

El soberano, el pueblo, la mayoría, dictan la ley social y positiva con el objeto de afianzar y sancionar la ley primitiva, la ley natural del individuo. Así es que, lejos de abnegar el hombre al entrar en sociedad una parte de su libertad y sus derechos, se ha reunido al contrario a los demás y formado la asociación con el fin de asegurarlos y extenderlos.

Si la ley positiva del soberano se ajusta a la ley natural, su derecho es legítimo y todos deben prestarle obediencia, so pena de ser castigados como infractores; si la viola, es ilegítima y tiránica y nadie está obligado a obedecerla.

El derecho de resistencia del individuo contra las decisiones tiránicas del pueblo soberano o de la mayoría, es por consiguiente legítimo, como lo es el derecho de repeler la fuerza con la fuerza, y de matar al ladrón o al asesino que atente a nuestra propiedad o nuestra vida, puesto que nace de las condiciones mismas del pacto social.

La soberanía del pueblo es ilimitada en cuanto respecta al derecho del hombre: primer principio.

La soberanía del pueblo es absoluta en cuanto tiene por norma la razón: segundo principio.

La razón colectiva solo es soberana, no la voluntad colectiva. La voluntad es ciega, caprichosa, irracional; la voluntad quiere, la razón examina, pesa y se decide.

De aquí resulta que la soberanía del pueblo solo puede residir en la razón del pueblo, y que solo es llamada a ejercerla la parte sensata y racional de la comunidad social.

La parte ignorante queda bajo la tutela y salvaguardia de la ley dictada por el consentimiento uniforme del pueblo racional.

La democracia, pues, no es el despotismo absoluto de las masas, ni de las mayorías; es el régimen de la razón.

La soberanía es el acto más grande y solemne de la razón de un pueblo libre. ¿Cómo podrán concurrir a este acto los que no conocen su importancia? ¿Los que por su falta de luces son incapaces de discernir el bien del mal en materia de negocios públicos? ¿Los que, como ignorantes que son de lo que podría convenir, no tienen opinión propia y están por consiguiente expuestos a ceder a las sugestiones de los mal intencionados? ¿Los que por su voto imprudente podrían comprometer la libertad de la patria y la existencia de la sociedad? ¿Cómo podrá, digo, ver el ciego, caminar el tullido, articular el mudo, es decir, concurrir a los actos soberanos el que no tiene capacidad ni independencia?

Otra condición del ejercicio de la soberanía es la industria. El holgazán, el vagabundo, el que no tiene oficio tampoco puede hacer parte del soberano; porque, no estando ligado por interés alguno a la sociedad, dará fácilmente su voto por oro o amenazas.

Aquél cuyo bienestar depende de la voluntad de otro y no goza de independencia personal, menos podrá entrar en el goce de la soberanía; porque difícilmente sacrificará su interés a la independencia de su razón.

El tutelaje del ignorante, del vagabundo, del que no goza de independencia personal es por consiguiente necesario. La ley no les veda ejercer por sí derechos soberanos, sino mientras permanezcan en minoridad; no los despoja de ellos, sino les impone una condición para poseerlos, la condición de emanciparse.

Pero el pueblo, las masas, no tienen siempre en sus manos los medios de conseguir su emancipación. La sociedad o el gobierno que la representa debe ponerlo a su alcance.

Él fomentará la industria, destruirá las leyes fiscales que traban su desarrollo, no la sobrecargará de impuestos y dejará que ejerza libre y severamente su actividad.

Él esparcirá la luz por todos los ámbitos de la sociedad y tenderá su mano benéfica a los pobres y desvalidos. Él procurará elevar a la clase proletaria al nivel de las otras clases, emancipando primero su cuerpo, con el fin de emancipar después su razón.

Para emancipar las masas ignorantes y abrirles el camino de la soberanía, es preciso educarlas. Las masas no tienen sino instintos; son más sensibles que racionales; quieren el bien y no saben dónde se halla; desean ser libres y no conocen la senda de la libertad.

La educación de las masas debe ser sistemada.

La religión, moralizándolas, fecundará en su corazón los gérmenes de las buenas costumbres.

La instrucción elemental las pondrá en estado de adquirir mayores luces y de llegar un día a penetrarse de los derechos y deberes que les impone la ciudadanía.

Las masas ignorantes, sin embargo, aunque privadas temporariamente del ejercicio de los derechos de la soberanía o de la libertad política, están en pleno goce de su libertad individual; como los de todos los miembros de la asociación, sus derechos naturales son inviolables; la libertad civil también, como a todos, las escuda; la misma ley civil, penal y constitucional, dictadas por el soberano, protege su vida, su propiedad, su conciencia y su libertad; las llama a juicio cuando delinquen, las condena o las absuelve.

Ellas no pueden asistir a la confección de la ley que formula los derechos y deberes de los miembros asociados, mientras permanezcan en tutela y minoridad; pero esa misma ley les da medios de emanciparse y las tiene entretanto bajo su protección y salvaguardia.

La democracia camina al nivelamiento de las condiciones, a la igualdad de clases.

La igualdad de clases envuelve la libertad individual, la libertad civil y la libertad política. Cuando todos los miembros de la asociación estén en posesión plena y absoluta de estas libertades y ejerzan de mancomún la soberanía, la democracia se habrá definitivamente constituido sobre la base incontrastable de la igualdad de clases: tercer principio.

Hemos desentrañado el espíritu de la democracia y trazado los límites de la soberanía del pueblo. Pasemos a indagar cómo obra el soberano, o en otros términos, qué forma aparente, visible, imprime a sus decisiones; cómo organiza el gobierno de la democracia.

El soberano para la confección de la ley delega sus poderes, reservándose la sanción de ella.

El delegado representa los intereses y la razón del soberano.

El legislador ejerce una soberanía limitada y temporaria; su norma es la razón.

El legislador dicta la ley orgánica y formula en ella los derechos y deberes del ciudadano y las condiciones del pacto de asociación.

Divide la potestad social en tres grandes poderes, a quienes traza sus límites y atribuciones, los cuales constituyen la unidad simbólica de la soberanía democrática.

El legislativo representa la razón del pueblo, el judicial su justicia, el ejecutivo su acción y voluntad; el primero labra la ley, el segundo la aplica, el tercero la ejecuta; aquél vota las erogaciones e impuestos y es órgano inmediato de los deseos y necesidades del pueblo; éste es órgano de la justicia social, manifestada en las leyes; el último, administrador y gestor infatigable de los intereses sociales.

Estos tres poderes son a la verdad independientes; pero, lejos de aislarse y condenarse a la inmovilidad, oponiéndose resistencias mutuas para mantener cierto quimérico equilibrio, se encaminarán armónicos, por distintas vías, a un fin único: el progreso social. Su fuerza será la resultante de las tres fuerzas reunidas, sus voluntades se reunirán en una voluntad; y así como la razón, el sentimiento y la voluntad constituyen la unidad moral del individuo, los tres poderes formarán la unidad generatriz de la democracia, o el órgano legítimo de la soberanía, destinado a fallar sin apelación sobre todas las cuestiones que interesen a la asociación.

Las condiciones del pacto están escritas; la piedra angular del edificio social, puesta; el gobierno organizado y animado por el espíritu de la ley fundamental. El legislador la presenta al pueblo; el pueblo la aprueba, si ella es el símbolo vivo de su razón.

La obra del legislador constituyente está concluida.

Si la ley orgánica no es la expresión de la razón pública proclamada por sus legítimos representantes; si éstos no han hablado en esa ley de los intereses y opiniones de sus poderdantes; si no han procurado interpretar su pensamiento; o en otros términos, si los legisladores, desconociendo su misión y las exigencias vitales del pueblo que representan, se han puesto como miserables plagiarios a copiar de aquí y de allí artículos de constituciones de otros países, en lugar de hacer una que tenga raíces vivas en la conciencia popular, su obra será un monstruo abortado, un cuerpo sin vida, una ley efímera y sin acción, que jamás podrá sancionar el criterio público.

El legislador habrá traicionado la confianza de su poderdante, el legislador será un imbécil.

Si al contrario la obra del legislador satisface plenamente la razón pública, su obra es grande, su creación sublime y semejante a la de Dios.

Entonces ni el pueblo, ni el legislador, ni ninguna potestad social, podrá llevar su mano sacrílega a ese santuario, donde está trazada con letras divinas la ley suprema e inviolable; la ley de las leyes, que todos y cada uno ha reconocido, proclamado y jurado ante Dios y los hombres respetar.

La soberanía, por decirlo así, se ha encarnado en esa ley; allí está la razón y el consentimiento del pueblo; allí está el orden, la justicia y la libertad; allí está la salvaguardia de la democracia.

Podrá esta ley ser revisada, mejorada con el tiempo y ajustada a los progresos de la razón pública, por una asamblea elegida ad hoc por el soberano; pero entre tanto no llega esa época que ella misma señala, su poder es omnipotente; su voluntad domina todas las voluntades; su razón se sobrepone a todas las razones.

Ninguna mayoría, ningún partido, ninguna asamblea podrá atentar a ella, so pena de ser usurpadora y tiránica.

Esa ley sirve de piedra de toque a todas las otras leyes; su luz las ilumina, y todos los pensamientos y acciones del cuerpo social y de los poderes constituidos, nacen de ella y vienen a converger a su centro. Ella es la fuerza motriz que da impulso y en torno de la cual gravitan, como los astros en torno del Sol, todas las fuerzas parciales que componen el mundo de la democracia.

Constituida así la democracia, la soberanía del pueblo parte de ese punto y empieza y ejercer su acción incesante e ilimitada; pero girando siempre en la órbita que la ley orgánica le traza, su derecho no va más allá.

Ella, por medio de sus representantes, hace y deshace leyes, innova cada día, lleva su actividad por todas partes e imprime un movimiento incesante, una transformación progresiva a la máquina social.

Cada acto de su voluntad es una nueva creación; cada decisión de su razón, un progreso.

Política, religión, filosofía, arte, industria; todo lo examina, lo elabora, lo sujeta a su voto supremo y lo sanciona; la voz del pueblo es la voz de Dios.

De lo dicho deduciremos, que si el pueblo no tiene luces ni moralidad; que si los gérmenes de una constitución no están, por decirlo así, diseminados en sus costumbres, en sus sentimientos, en sus recuerdos, en sus tradiciones, la obra de organizarlo es irrealizable; que el legislador no es llamado a crear una ley orgánica, o aclimatar en el suyo la de otros países, sino a conocer los instintos, necesidades, intereses, todo lo que forma la vida intelectual, moral y física del pueblo que representa, y a proclamarlos y formularlos en una ley; y que solo pueden y deben ser legisladores aquellos que reúnan a la más alta capacidad y acrisolada virtud, el conocimiento más completo del espíritu y exigencias de la nación.

De aquí nace también, que si el legislador tiene conciencia de su deber, antes de indagar cuál forma gubernativa sería preferible, debe averiguar si el pueblo se halla en estado de regirse por una constitución; y dado este caso, ofrecerle, no la mejor y más perfecta en teoría, sino aquélla que se adapte a su condición.

He dado a los atenienses, decía Solón, no las mejores leyes, sino las que se hallan en estado de recibir.

De aquí se infiere, que cuando la razón pública no está sazonada, el legislador constituyente no tiene misión alguna, y no pudiendo llevar conciencia de su dignidad, ni de la importancia del papel que representa, figura en una farsa que él mismo no entiende, y dicta o copia leyes con el mismo desembarazo con que haría escritos en su bufete o reglaría las cuentas de su negocio.

De aquí, en suma, deduciremos la necesidad de preparar al legislador, antes de encomendarle la obra de una constitución.

El legislador no podrá estar preparado si el pueblo no lo está. ¿Cómo logrará el legislador obrar el bien, si el pueblo lo desconoce? ¿Si no aprecia las ventajas de la libertad? ¿Si prefiere la inercia a la actividad? ¿Sus hábitos, a las innovaciones? ¿Lo que conoce y palpa, a lo que no conoce y mira remoto?

Es indispensable por lo mismo para preparar al pueblo y al legislador, elaborar primero la materia de la ley, es decir, difundir las ideas que deberán encarnarse en los legisladores y realizarse en las leyes, hacerlas circular, vulgarizarlas, incorporarlas al espíritu público.

Es preciso, en una palabra, ilustrar la razón del pueblo y del legislador sobre las cuestiones políticas, antes de entrar a constituir la nación.

Solo con esta condición lograremos lo que deseamos todos ahincadamente, que aparezca el legislador futuro, o una representación nacional capaz de comprender y remediar los males que sufre la sociedad, de satisfacer sus votos y de echar el fundamento de un orden social incontrastable y permanente.

Mientras el espíritu público no haya adquirido la madurez necesaria, las constituciones no harán más que dar pábulo a la anarquía y fomentar en los ánimos el menosprecio de toda ley, de toda justicia y de los principios más sagrados.

Siendo la democracia el gobierno del pueblo por sí mismo, exige la acción constante de todas las facultades del hombre y no podrá cimentarse sino con el auxilio de las luces y moralidad.

Ella, partiendo del principio de la igualdad de clases, procura que se arraigue en las ideas, costumbres y sentimientos del pueblo y elabora sus leyes e instituciones de modo que tiendan a extender y afianzar su predominio.

A llenar las miras de la democracia, deben dirigirse todos los esfuerzos de nuestros gobiernos y de nuestros legisladores.

La Asociación de la Joven Generación Argentina, cree que la democracia existe en germen en nuestra sociedad; su misión es predicarla, difundir su espíritu y consagrar la acción de sus facultades a fin de que un día llegue a constituirse en la república.

Ella no ignora cuántos obstáculos le opondrán ciertos resabios aristocráticos, ciertas tradiciones retrógradas, las leyes, la falta de luces y de moralidad.

Ella sabe que la obra de organizar la democracia no es de un día; que las constituciones no se improvisan; que la libertad no se funda sino sobre el cimiento de las luces y las costumbres; que una sociedad no se ilustra y moraliza de un golpe; que la razón de un pueblo que aspira a ser libre, no se sazona sino con el tiempo; pero, teniendo fe en el porvenir, y creyendo que las altas miras de la revolución no fueron solamente derribar el orden social antiguo, sino también reedificar otro nuevo, trabajará con todo el lleno de sus facultades a fin de que las generaciones venideras, recogiendo el fruto de su labor, tengan en sus manos mayores elementos que nosotros para organizar y constituir la sociedad argentina sobre la base incontrastable de la igualdad y la libertad democrática.

XI. 13. Confraternidad de principios

Uno de los muchos obstáculos que hoy día se oponen y por largo tiempo se opondrán a la reorganización de nuestra sociedad, es la anarquía que reina en todos los corazones e inteligencias; la falta de creencias comunes, capaces de formar, robustecer e infundir irresistible prepotencia al espíritu público. No existe ningún fundamento sólido sobre el cual pueda apoyarse la razón de cada uno, ninguna norma, ninguna doctrina, ningún principio de vida que atraiga, reúna y anime los miembros divididos del cuerpo social. No hay bálsamo alguno que calme los corazones lacerados, ningún remedio a la inquietud y desazón de los ánimos, ninguna luz que guíe a los hijos de la patria en el abismo espantoso donde los ha sumergido el desenfreno de las pasiones y los atentados de la tiranía.

Cada uno, amurallado en su egoísmo, ve pasar con estúpida sonrisa el carro triunfante del despotismo por sobre las glorias y trofeos de la patria, por sobre la sangre y cadáveres de sus hermanos, por sobre las leyes y derechos de la nación. Cada uno oye en silencio los gritos y aclamaciones de la turba que, en signo de vasallaje, marcha en pos de sus huellas, celebrando su omnipotencia y sus hazañas.

¿Qué origen dar a ese marasmo del espíritu público? ¿A esa atrofia de tanto noble corazón? ¿Cómo explicar ese fenómeno moral que se reproduce siempre en todas las grandes crisis sociales después de los desastres, convulsiones y delirios de la guerra civil? Es que toda grande excitación enerva; que tras la fiebre y el delirio, viene el abatimiento y el colapso; y que, en el frenesí de las pasiones políticas, pierden los pueblos como los hombres, aquella primitiva virilidad de sus potencias, aquella virginidad de su corazón, aquel fuego y energía de su robusta adolescencia. Es que los desengaños han venido a entibiar las esperanzas; que ese intenso afanar y esa lucha prolongada para cimentar la libertad, han sido estériles e ineficaces; que los principios y las doctrinas no han producido fruto alguno; y que la fe de todos los hombres, de todos los patriotas, ha venido a guarecer su impotencia en el abrigo desierto del escepticismo y de la duda, después de haber visto a la anarquía y al despotismo disputarse encarnizados el tesoro recogido por su constancia y su heroísmo.

Felizmente no están sujetos los pueblos a esa ley de aniquilamiento fatal que extingue poco a poco la vida y las esperanzas del hombre. El individuo desaparece, pero quedan sus obras. Cada generación que nace de las entrañas del no ser, trae nueva sangre, infunde nueva vida al cuerpo social. Se diría que la carne del hombre es de la Tierra, pero su espíritu de la humanidad. Cada generación hereda el espíritu vital de la generación que devoró la tumba. Con cada generación retoñece el árbol de la esperanza del porvenir progresivo de los pueblos y de la humanidad.

Esa facultad de comunicación perpetua entre hombre y hombre, entre generación y generación; esa encarnación continua del espíritu de una generación en otra, es lo que constituye la vida y la esencia de las sociedades. No son ellas simplemente una aglomeración de hombres, sino que forman un cuerpo homogéneo y animado de una vida peculiar, que resulta de la relación mutua de los hombres entre sí y de unas generaciones con otras.

La generación nueva no está enervada; ella empieza a vivir y trae en su seno toda la energía, deseos y esperanzas de un joven adolescente; pero sufre el mismo dolor que todos y se halla envuelta en la misma atmósfera tenebrosa; lleva en su corazón la anarquía y en su inteligencia el caos y lucha de contrarios elementos.

¿Y qué otra cosa podría heredar? Nacida en la borrasca, creciendo en las tempestades y no divisando en el mar de tinieblas que la circundaba, una antorcha que la encaminase al puerto de consuelo y salvación, su espíritu debió sufrir agitaciones intensas y buscar donde lo hallase, el alimento necesario a su actividad.

La patria no existía, ni la libertad tampoco. ¿Qué es la vida sin patria ni libertad?, debió decirse. Faltole un móvil a sus acciones, un símbolo a su fe, un blanco a sus esperanzas, un apoyo a su inteligencia; y vacilaron, se chocaron y corrieron en dirección opuesta sus pensamientos por el campo ilimitado de la especulación y la duda, de la incertidumbre y la verdad.

Para salir de este caos, necesitamos una luz que nos guíe, una creencia que nos anime, una religión que nos consuele, una base moral, un criterium común de certidumbre que sirva de fundamento a la labor de todas las inteligencias y a la reorganización de la patria y de la sociedad.

Esa piedra fundamental, ese punto de arranque y reunión, son los principios.

Política, ciencia, religión, arte, industria, todo existe en germen en nuestra sociedad; pero como en el caos los primitivos elementos de la creación. Hay, si se quiere, en ellas muchas ideas; pero no un sistema de doctrinas políticas, filosóficas, artísticas, no una verdadera ciencia; porque la ciencia no consiste en almacenar muchas ideas, sino en que éstas sean sanas y sistemadas y constituyan, por decirlo así, un dogma religioso para el que las profesa.

Nuestra cultura intelectual exige, por lo mismo, un desenvolvimiento armónico, una marcha uniforme, una elaboración peculiar, que tienda a la difusión de los principios sanos, a la uniformidad de las creencias, a disipar la anarquía de los espíritus, a vulgarizar y poner en circulación las doctrinas progresivas, a calmar tantas angustias y agitaciones y a satisfacer las necesidades más vitales de nuestra sociedad.

La confraternidad de principios producirá la unión y fraternidad de todos los miembros de la familia argentina y concentrará sus anhelos en el solo objeto de la libertad y engrandecimiento de la patria.

XII. 14. Fusión de todas las doctrinas progresivas en un centro unitario

No pretendemos transar con lo bueno y lo malo, o hacer una amalgama impura de elementos heterogéneos. Nuestra filosofía no es la de la impotencia.

Queremos sí formular un sistema de creencias comunes y de principios luminosos, que nos sirvan de guía en la carrera que emprendemos.

Nuestra filosofía lleva por divisa: progreso indefinido.

Los símbolos de nuestra fe son: fraternidad, igualdad, libertad, asociación.

Caminamos a la democracia. Organizar la asociación de modo que por una serie de progresos llegue a la igualdad y la libertad o a la democracia: he aquí nuestra idea fundamental.

Nuestro punto de arranque y reunión será la democracia.

Política, filosofía, religión, arte, ciencia, industria; toda la labor inteligente y material deberá encaminarse a fundar el imperio de la democracia.

Política que tenga otra mira, no la queremos.

Filosofía que no coopere a su desarrollo, la desechamos.

Religión que no la sancione y la predique, no es la nuestra.

Arte que no se anime de su espíritu y no sea la expresión de la vida del individuo y de la sociedad, será infecundo.

Ciencia que no la ilumine, inoportuna.

Industria que no tienda a emancipar las masas y elevarlas a la igualdad, sino a concentrar la riqueza en pocas manos, la abominamos.

Para conseguir la realización completa de la igualdad de clases y la emancipación de las masas, es necesario: «que todas las instituciones sociales se dirijan al fin de la mejora intelectual, física y moral de la clase más numerosa y más pobre».

«La sociedad, o el poder que la representa, debe a todos sus miembros instrucción y tiene a su cargo el progreso de la razón pública.»

El fin de la política es organizar la asociación sobre la base democrática.

Para alcanzar ese fin, elaborar primero la materia de la ley, o en otros términos, preparar al pueblo y al legislador, antes de formar el congreso futuro que debe constituir la democracia.

El derecho del hombre es anterior al de la asociación.

El derecho del hombre es tan legítimo como el derecho de la asociación.

Alianza y armonía del ciudadano y la patria, del individuo y de la sociedad.

La soberanía solo reside en la razón colectiva del pueblo. El sufragio universal es absurdo.

No es nuestra fórmula de los ultrademócratas franceses, todo para el pueblo y por el pueblo; sino la siguiente: todo para el pueblo y por la razón del pueblo.

El gobierno representativo es el instrumento necesario del progreso, de la forma perceptible, pero indestructible de la democracia.

Queremos una política, una religión, una filosofía, una ciencia, un arte, una industria que concurran simultáneamente a idéntica solución moral; que proclamen y difundan verdades enlazadas entre sí, las cuales se dirijan a establecer la armonía de los corazones e inteligencias o la unión estrecha de todos los miembros de la familia argentina.

La democracia es la unidad central que nosotros buscamos por medio de la fusión de todas las doctrinas progresivas; ella será el foco hacia donde convergerán todas nuestras tareas y pensamientos.

Solo serán progresivas para nosotros, todas aquellas doctrinas que, teniendo en vista el porvenir, procuren dar impulso al desenvolvimiento gradual de la igualdad de clases y que estén siempre a la vanguardia de la marcha ascendente del espíritu humano.

Pediremos luces a la inteligencia europea, pero con ciertas condiciones.

El mundo de nuestra vida intelectual será a la vez nacional y humanitario; tendremos siempre un ojo clavado en el progreso de las naciones y el otro en las entrañas de nuestra sociedad.

Nuestra labor será doble, estudiar y aplicar, acopiar semilla y sembrarla; conocer las necesidades de la nación y contribuir con nuestras fuerzas al desarrollo normal de su vida y al logro de sus gloriosos destinos.

Todo lo que indique adelanto, todo lo que haya legítimo en los intereses y doctrinas de las facciones de la revolución, lo adoptaremos.

Las glorias de la nación y de nuestras notabilidades revolucionarias nos tocan por herencia, pues forman la espléndida corona de nuestra patria; no seremos ingratos ni traidores.

No pretendemos emanciparnos de las tradiciones progresivas de la revolución, somos al contrario sus continuadores, porque tal es la misión que nos ha cabido en herencia. Queremos ser dignos hijos de nuestros heroicos padres.

El pensamiento de Mayo es el nuestro; ambicionamos verlo realizado completamente, sea cual fuere el éxito de nuestros esfuerzos y esperanzas, sea cual fuere el destino que nos aguarde. En vano la tiranía, la fuerza bruta y las preocupaciones nos harán guerra y nos opondrán obstáculos invencibles; nada será capaz de desalentarnos; la fe que nos anima es incontrastable. Dios, la patria, el grito de nuestra conciencia y de nuestra razón nos imponen el deber de consagrar nuestras fuerzas y derramar, si fuere necesario, nuestra sangre por la santa causa de la igualdad y de la libertad democrática y por la emancipación completa de la tierra en que nacimos.

Vamos a sacrificar la vida que nos queda en beneficio de las generaciones venideras. Si triunfamos, ellas bendecirán nuestros nombres; si perecemos antes de tiempo, darán una lágrima a nuestras malogradas pero nobles intenciones y continuarán la obra que iniciamos, si escuchan como nosotros la voz de la patria y obedecen la ley de la Providencia.

Trabajar por el progreso y emancipación completa de nuestra patria, será poner las manos en la grande y magnífica obra de la revolución y emular las virtudes de los que la concibieron.

XIII. 15. Abnegación de las simpatías que puedan ligarnos a las dos grandes facciones que se han disputado el poderío durante la revolución

El último resultado de la fusión doctrinaria, formulada en el precedente párrafo, es una fusión política social.

Armonía en los intereses, armonía en las opiniones, en las localidades, en los hombres, en el presente, en el pasado de nuestra vida política.

Para ello una general amnistía para todos los extravíos precedentes; una ley de olvido conteniendo todos los momentos, todos los sucesos, todos los caracteres históricos de la revolución americana.

La revolución de Mayo se dividió al nacer y ha continuado dividida hasta los actuales días; armada de sus dos manos, como la revolución Francesa, con la una de ellas ha llevado adelante la conquista de la libertad, en tanto que con la otra, no ha cesado de despedazar su propio seno; doble lucha de anarquía y de independencia, de gloria y de mengua, que ha hecho a la vez feliz y desgraciado el país, que ha ilustrado y empañado nuestra revolución, nuestros hombres y nuestras cosas.

La anarquía del presente es hija de la anarquía del pasado: tenemos odios que no son nuestros, antipatías que nosotros hemos heredado. Conviene interrumpir esa sucesión funesta, que hará eterna nuestra anarquía. Que un triple cordón sanitario sea levantado entre ambas generaciones, al través de los rencores que han dividido los tiempos que nos han visto crecer. Es menester llevar la paz a la historia, para radicarla en el presente, que es hijo del pasado, y el porvenir, que es hijo del presente.

Facción morenista, facción saavedrista, facción rivadavista, facción rosista, son para nosotros voces sin inteligencia; no conocemos partidos personales; no nos adherimos a los hombres; somos secuaces de principios. No conocemos hombre malo al frente de los principios de progreso y libertad. Para nosotros la revolución es una e indivisible. Los que la han ayudado, son dignos de gloria; los que la han empañado, de desprecio. Olvidamos no obstante las faltas de los unos para no pensar más que en la gloria de los otros.

Todos nuestros hombres, todos nuestros momentos, todos nuestros sucesos presentan dos fases: una de gloria, otra de palidez. La juventud se ha colocado cara a cara con la gloria de sus padres y ha dejado sus flaquezas en la noche del olvido.

Vivamos alerta con los juicios de nuestros padres acerca de nuestros padres. Han estado divididos, y en el calor de la pelea más de una vez se han visto con los ojos del odio, se han pintado con los colores del desprecio. A dar asenso a sus palabras, todos ellos han sido un puñado de bribones. A creer en lo que vemos, ellos han sido una generación de gigantes; pues que tenemos un mundo salido de sus manos. Ahí están los hechos, ahí están los resultados, ahí está la historia; sobre estos fundamentos incorruptibles debe ser organizada toda reputación, todo título, todo juicio histórico. No tenemos que invocar testimonios sospechosos, tradiciones apasionadas y parciales. Somos la posteridad de nuestros padres; a nosotros compete el juicio de su vida. Nosotros le pronunciaremos en vista del proceso veraz de la historia y de los monumentos. Cada vez, pues, que uno de nuestros padres levante su voz para murmurar de los de su época, implorémosle el silencio. Ellos no son jueces competentes los unos de los otros.

Cada libro, cada memoria, cada página salida de su pluma, refiriéndose a los hombres y los hechos de la revolución americana, deben ser leídos por nosotros con la más escrupulosa circunspección, si no queremos exponernos a pagar alguna vez los sinsabores gloriosos de toda una existencia con la moneda amarga de la ingratitud y del olvido.

Todos los períodos, todos los hombres, todos los partidos comprendidos en el espacio de la revolución, han hecho bienes y males a la causa del progreso americano. Excusamos, sin legitimar, todos estos males; reconocemos y adoptamos todos estos bienes. Ningún período, ningún hombre, ningún partido tendrá que acusarnos de haberle desheredado del justo tributo de nuestro reconocimiento.

Todos los argentinos son unos en nuestro corazón, sean cuales fueren su nacimiento, su color, su condición, su escarapela, su edad, su profesión, su clase. Nosotros no conocemos más que una sola facción, la patria, más que un solo color, el de Mayo, más que una sola época, los treinta años de revolución republicana. Desde la altura de estos supremos datos, nosotros no sabemos qué son unitarios y federales, colorados y celestes, plebeyos y decentes, viejos y jóvenes, porteños y provincianos, año 10 y año 20, año 24 y año 30; divisiones mezquinas que vemos desaparecer como el humo delante de las tres grandes unidades del pueblo, de la bandera y de la historia de los argentinos. No tenemos más regla para liquidar el valor de los tiempos, de los hombres y de los hechos, que la magnitud de los monumentos que nos han dejado. Es nuestra regla en esto como en todo; a cada época, a cada hombre, a cada suceso, según su capacidad; a cada capacidad, según sus obras.

Hemos visto luchar dos principios en toda la época de la revolución y permanecer hasta hoy indecisa la victoria. Esto nos ha hecho creer que sus fuerzas son iguales y que su presencia simultánea en la organización argentina, es de una necesidad y correlación inevitables. Hemos inventariado el caudal respectivo de poder de ambos principios unitario y federativo, y hemos obtenido estos resultados:

Antecedentes unitarios
Coloniales
La unidad política. La unidad civil. La unidad judiciaria. La unidad territorial. La unidad financiera. La unidad administrativa. La unidad religiosa. La unidad de idioma. La unidad de origen. La unidad de costumbres.

Revolucionarios
La unidad de creencias y principios republicanos.
La unidad de formas representativas.
La unidad de sacrificios en la guerra de emancipación.
La unidad de conducta y de acción en dicha empresa.

Los distintos pactos de unidad interrumpidos; congresos, presidencias, directorios generales que con intermitencias más o menos largas se han dejado ver durante la revolución.

La unidad diplomática, externa o internacional. La unidad de glorias. La unidad de bandera. La unidad de armas. La unidad de reputación exterior.

La unidad tácita, instintiva, que se revela cada vez que se dice sin pensarlo: República Argentina, territorio argentino, nación argentina, patria argentina, pueblo argentino, familia argentina, y no santiagueña, y no cordobesa, y no porteña. La palabra misma argentino es un antecedente unitario.

Antecedentes federativos

Las diversidades, las rivalidades provinciales, sembradas sistemáticamente por la tiranía colonial y renovadas por la demagogia republicana.

Los largos interregnos de aislamiento y de absoluta independencia provincial durante la revolución.

Las especialidades provinciales, provenientes del suelo y del clima, de que se siguen otras en el carácter, en los hábitos, en el acento, en los productos de la industria y del suelo.

Las distancias enormes y costosas que las separa unas de otras.

La falta de caminos, de canales; de medios de organizar un sistema regular de comunicación y transporte.

Las largas tradiciones municipales.

Las habitudes ya adquiridas de legislaciones y gobiernos provinciales.

La posesión actual de los gobiernos locales en las manos de las provincias.

La soberanía parcial que la revolución de Mayo atribuyó a cada una de las provincias y que hasta hoy les ha sido contestada.

La imposibilidad de reducir las provincias y sus gobiernos al despojo espontáneo de un depósito, que, conservado un día, no se abandona nunca al poder de la propia dirección, la libertad.

Las susceptibilidades, los subsidios del amor propio provincial.

Los celos eternos por las ventajas de la provincia capital.

De donde nosotros hemos debido concluir la necesidad de una total abnegación, no personal, sino política, de toda simpatía que pudiera ligarnos a las tendencias exclusivas de cualquiera de los dos principios que, lejos de pedir la guerra, buscan ya, fatigados de lucha, una fusión armónica, sobre la cual descansen inalterables las libertades de cada provincia y las prerrogativas de toda la nación; solución inevitable y única que resulta toda de la aplicación a los dos grandes términos del problema argentino, la nación y la provincia; de la fórmula llamada hoy a presidir la política moderna, que consiste, como lo hemos dicho en otra parte, en la armonización de la individualidad con la generalidad, o en otros términos, de la libertad con la asociación.

Esta solución, no solo es una demanda visible de la situación normal de las cosas argentinas, sino también una necesidad política y parlamentaria, vista la situación de los espíritus; porque de ningún modo mejor que en la armonía de los dos principios rivales, podrían encontrar una paz legítima y gloriosa los hombres que han estado divididos en los dos partidos Unitario y Federal.

La forma de periódico que se dio a la primera edición de este escrito, no era la más conveniente para que se difundiera con facilidad y eficacia; y éste es uno de los motivos que nos han impulsado a reimprimirlo en forma de libro. Tenemos mucha fe en las ideas, pero también creemos que su triunfo depende a menudo de los medios que se emplean para propagarlas. La prensa periódica no nos parece entre nosotros tan eficaz como en otros países para la difusión de ideas, porque no puede ser analítica y explicativa, y supone en los lectores alguna instrucción previa sobre las cuestiones que ventila; y porque un periódico se hojea un momento por curiosidad o pasatiempo, y luego se arroja: la prensa periódica poca utilidad ha producido en nuestro país.

La prensa doctrinaria, la prensa de verdadera educación popular, debe tomar la forma de libro para tener acceso en todo hogar, para atraer la atención a cada instante y ser realmente propagadora. Así quisiéramos que, en vez de muchos periódicos, se escribieran muchos manuales de enseñanza sobre aquellos ramos de saber humano cuyo conocimiento importa popularizar entre nosotros. Una enciclopedia popular, elaborada en mira del desenvolvimiento gradual y armónico de la democracia en el Plata, llenaría perfectamente las condiciones que nosotros concebimos para la prensa progresista del porvenir en nuestro país. Si quiere Dios que alguna vez volvamos a poner el pie en la tierra natal, no echaremos en olvido este pensamiento: hoy carecemos absolutamente de medios para ponerlo en planta. (Nota de Echeverría.)

Cartas a don Pedro de Ángelis editor del Archivo Americano

Carta primera

Al editor del Archivo Americano

Señor editor: Por una casualidad ha llegado recién a mis manos el número 32 de su Archivo fecho a 28 de enero, y he leído en él un artículo sobre el Dogma Socialista, etc., que publiqué en septiembre del año pasado, en el cual tiene usted a bien enviarme una colección de todas esas preciosidades que regala, años hace, profusamente al mundo, la Prensa Mazorquera. No me sorprende el regalo; es lo único que usted y sus coescritores pueden dar. En esto, como en todo, el proceder del heroico fundador del Sistema Americano, es lógico; a los que no están con él y tiene a la mano, los degüella; a los que se han puesto fuera del alcance de su cuchillo, los calumnia y los difama por boca de sus lacayos; no se puedo negar que usted desempeña perfectamente el oficio.

Pero usted, señor editor, debe ser grande entre los grandes de la Mazorca, y sobre todo, hombre más ducho en la esgrima periodística que ninguno de sus cofrades; usted ha descubierto medio de servir la gran causa del Sistema Americano hiriendo a sus enemigos como la serpiente de trisulco dardo; usted les inocula el veneno con tres lenguas; usted los asesina moralmente a la faz de medio mundo civilizado, calumniándolos y difamándolos en los tres idiomas más vulgares; usted en su viperina rabia, mutila y desfigura en tres idiomas la historia del pueblo que lo hospeda y enriquece, lo tizna con su sucia pluma y encasquetándole la coraza de escarnio lo pone todo inmundo, sangriento y desfigurado en la picota de afrenta de las naciones. Se ve, pues, que usted debe ser hombre sin igual entre la constelación literaria de la mazorca. Conocidas sus sanas intenciones, falta saber si logrará su objeto; falta saber si leerán por esos mundos su papel difamador y si no harán con él lo que hacía el héroe del desierto con las misivas de su querida Encarnación, cuando vivía como el tigre entre los pajonales de la pampa.

Sea lo que fuere, señor editor, debo agradecerle el recuerdo que me envía por su Archivo; porque a pesar de que me injuria, me parece que en el fondo ha querido favorecerme. Cofrade mío de pluma, ha tenido usted el buen deseo de que mi nombre vuele por el mundo en alas de la triple bocina de su Archivo, y recoja de paso en él un poco del polvo de ilustración que levanta la fama del suyo; y confieso que ése, para mí, hambriento por demás de celebridad, es el servicio mayor que pudiera hacerme su pluma. Además, bromista y decidor de chistes, como dicen que es usted, presumo haya querido embromar conmigo, y como estoy de buen humor, me han dado ganas de divertirme con usted. Vaya, pues, preparando su cuero para recibir mi marca indeleble con toda la resignación y humildad de un buen cristiano. Bien sé yo que le hará poca mella, porque ya tiene el alma y el cuero de elefante; pero me parece le dejará comezón, aunque sea en la epidermis. Hay a más una consideración poderosísima que me mueve a ocuparme de usted. La cuestión personal que usted promueve contra mí y mis amigos políticos, envuelve una cuestión de patria: usted defiende a Rosas y su sistema, nosotros lo atacamos y abogamos por el progreso y la democracia; es preciso, pues, arrancar la máscara al paladín de Rosas para que todo el mundo le conozca y dé el merecido timbre a sus escritos. Tal vez de ese modo logre también granjearme su benevolencia; a fin de que persuada al Restaurador, no estoy, como usted lo imaginaba, tan distante de «conversión y de arrepentimiento»; y que al contrario, sus palabras me han movido y edificado a tal punto, que es muy posible me cuente pronto en el número de sus lacayos. Quiero, además, tener la honra de entretenerme un rato con el más profundo, conspicuo y erudito campeón de la Literatura Mazorquera; con el Néstor de esa peregrina y pasmosa literatura que ha surgido en el Plata bajo la influencia regeneratriz del genio enciclopédico del héroe del desierto.

Chanza por chanza, pues, señor editor. Ya que usted me ha buscado, voy a retribuirle su comedida remembranza con toda la urbanidad de que soy capaz. Va dicho que su artículo sobre el Dogma Socialista no admite discusión; porque todo él, fuera de algunas citas truncas de mi obra y de infinitas mentiras, es una broma grosera, tonta y declamatoria; broma de truhán o de compadrito mazorquero, nada más. Sabido es que esos señores, cuando chancean en la pulpería o en la carpeta se espetan primero un ajo, después un vaso de caña, y por último un chirlo al rostro. Usted, señor editor, hace lo mismo; en lugar de caña arroja tinta, en vez de tajo al rostro, lo apunta a la frase o a la honra de su contrario. Yo procuraré embromar con usted diciéndole, a mi modo, verdades conocidas por todos en el Río de la Plata, y sin hacerle falsas imputaciones ni calumniarlo como usted acostumbra. Pero, como el lector debe tener curiosidad de saber quiénes son los bromistas, es preciso le conozca a usted y a mí. En cuanto a mí, soy bastante conocido en el Plata; en cuanto a usted, voy a copiar su retrato (se entiende moral) del célebre poeta inglés Tomás Moore. Me parece le será más grato verse retratado por la pluma de tan ilustre ingenio.

Cuenta, pues, Moore, en su poema titulado Lalla Rookh, que entre el séquito de esta princesa iba «el criticón y fastidioso Fadladeen, gran nazir o Chambelán del harem», quien llevado en su palanquín en pos al de la princesa, no se reputaba el personaje menos importante de todo aquel lucido concurso. En efecto, Fadladeen era entendido en todas materias, desde el perfil de los párpados de una circasiana, hasta las más profundas cuestiones científicas y literarias; desde la mezcla de aquella conserva que se hace de hojas de rosa, hasta la composición de un poema épico; y tanto influjo tenía su dictamen sobre el gusto vario de aquel tiempo, que todos los cocineros y poetas de Delhi le miraban con tímido respeto. Su conducta política y sus opiniones se fundaban en este renglón de Sadí: «Si el príncipe a mediodía dijere que es de noche, aseguradle que ya veis la Luna y las estrellas». Y su celo por la religión, de la que era Aurungzebe protector munífico, se parecía bastante en lo desinteresado al del platero que se enamoró de los ojos de diamante del ídolo de Yaghernaut.

En efecto, señor editor, usted no es gran nazir, porque en Buenos Aires no hay harem, sino Mazorca; pero en cambio, usted ocupa el puesto de archivero mayor y de periodista en jefe del gran sultán Rosas. Usted es ducho como Fadladeen en toda cosa; en cuanto a manejo y opiniones políticas sigue la máxima de Sadí, y su celo por el Sistema Americano y la Federación, puntos capitales de la religión mazorquera, es tan fervoroso o quizá más que el de Fadladeen.

Preguntarán cómo ha llegado usted, señor editor, a ocupar puesto tan alto en la jerarquía mazorquera: veamos.

Usted vino a Buenos Aires de Europa con la reputación que hallaron por bien hacerle los que se interesaban en que les sirviese a sus miras. Como hombre de estranjis, no era difícil que aquel candoroso pueblo le creyese un pozo de ciencia, máxime cuando lo patrocinaban los hombres entonces influyentes en el país. Se decía también que usted había sido colaborador de la Revista Enciclopédica y de la Biografía Universal, en París; y los que no sabían lo que era usted ni la tal Revista ni Biografía, abrían tamaña boca de pasmo al ver cara a cara nada menos que a todo un señor redactor de revistas y biografías. Ignoraban esas buenas gentes, que la Biografía Universal era en aquel tiempo la piscina literaria de todos los tinterillos hambrientos o que aspiraban a hacer figura; y que los charlatanes obtenían fácilmente el título honorario de redactores de la Revista Enciclopédica (papel insignificante entonces), con tal de saborear el gustazo de verse en la lista de colaboradores activos inscripta en la carátula del periódico. Ignoraban también que usted solo había escrito en la tal Revista (porque no era capaz de más) un artículo de estudiante insípido sobre costumbres napolitanas; y en la Biografía Universal, las de Stigliani y Salvador Rosa, trabajos que hizo imprimir aparte como una gran cosa y tuvo cuidado de desparramar en Buenos Aires como muestra de su gran talento, incluyendo una litografía de su carota abigarrada, para que todos quedasen estupefactos al ver la estampa de tan ilustre biógrafo. La gente bonaza no dejó de recibir con beneplácito esos regalos de su pluma; pero no faltó quien se riera a carcajadas de su charlatanismo fatuo y de sus pretensiones literarias.

Bajo tan bellos auspicios empezó usted a escribir en la Crónica para ése que no quiere que yo califique de partido político y que persisto en llamarlo tal, por razones que diré después. Es probable que usted escribiera al gusto de los que lo patrocinaban, porque medró, según dicen, en honra y provecho. Sería curioso, sin embargo, saber qué enseñó usted al pueblo de Buenos Aires, qué cosa nueva en doctrina política y literaria le trajo de Europa y del arsenal de la Revista Enciclopédica. Pero lo más curioso del caso es que era tanta su reputación y tan grande la necesidad que los hombres de entonces tenían de su pluma, que no sabiendo usted el castellano, escribía en francés y un traductor vertía a la española sus artículos para el diario, y esa traducción era recibida como pan bendito por el buen pueblo y aplaudida por sus mecenas. Y otra singularidad que caracteriza en cierto modo la época y se regocijará usted en saber, es que todavía hay hombres de aquel tiempo acá y allá, que le creen a usted un talentazo, dotado de una agudeza y chispa de ingenio inimitable. Tal es la influencia de las preocupaciones que engendra el espíritu de partido, que aun mortifica el amor propio de algunos hombres de entonces confesar que patrocinaron a un charlatán, quien tuvo al menos habilidad bastante para alucinarlos y engañarlos. Se ve, pues, que usted era hombre de la talla de Fadladeen por los años 26 y 27, y que su dictamen en toda cosa, desde el arte culinario hasta el arte poético, desde la ciencia de Newton y Laplace hasta la de Smith, Montesquieu y Bentham, se parecía a la decisión de un oráculo. El diablo es que hoy día, de todas esas revelaciones de su ingenio, traducidas de mal francés a peor castellano, nadie se acuerda; y que solo ha quedado para el país la mengua de haber sufrido que un Fadladeen charlatán viniese a aleccionarlo, y a ensuciar con sus venales e insípidas producciones, la prensa libre de los Moreno, los Castelli y los Monteagudo.

El partido unitario, de quien era usted excrecencia exótica, cayó, y usted tuvo a bien envainar su pluma, sacándola de cuando en cuando para dar un picotazo a los federales o escribir algún versacho en los papeluchos de la época, porque también la da de poeta como Fadladeen. Parece que algún tiempo se mantuvo usted al pairo, buscando entre los federales algún nuevo mecenas que, inflando las velas de su barquilla con el soplido de su favor, le permitiera emprender nueva marcha viento en popa. No le faltó a usted arrimo, porque nunca carecen de él las plantas rastreras y parásitas; pero no apeteciendo Dorrego la pluma que había ensalzado a sus enemigos políticos, hubo usted de contentarse con que le admitiera en el Fuerte como cortesano suyo y le favoreciera en su nuevo oficio de Pedagogo de niños. ¡Descenso horrible solo comparable al de Satanás! ¡Desplomarse desde la altura de redactor de revistas y biografías, y caer entre los bancos de una escuela! ¡Pobres cándidas palomas! ¿Con qué horror veríais a cada instante la carota amoratada de ese nuevo Bardolph, tocayo de aquél cuya faz, roja como la flor de ceibo, no podía ver Falstaff ¡sin imaginarse un fuego infernal! ¡Con qué horror miraríais a ese nuevo Lucifer caído, pobres cándidas palomas!

Cayó al fin Dorrego, y escribió usted en la Gaceta por oro de Lavalle en favor de Lavalle, pero así que vio bambolear su poder empezó a darle por bajo en esa misma Gaceta cuya redacción le pagaba, después de ponerse bien con los federales de afuera. Triunfaron al cabo los federales, y el Restaurador de las leyes entró poco después al gobierno. Pero Rosas, el santo patrono de la federación, como buen americano, le tenía a usted ojeriza por unitario y no sé por qué más, y no aceptó las ofertas de su pluma. usted que no es hombre capaz de ponerse colorado por nada, pues tiene ya sobradamente cárdeno el rostro, no se desalentó, hizo hincapié, y se dijo en sus adentros perro porfiado saca bocado. Le decían unitario y le daban la espalda, y usted se sonreía con sorna como Sancho. Estaba usted poluto; era preciso purificarse de la mácula unitaria con el bautismo de sangre de la santa federación; era preciso pasar por un largo noviciado y hacer sus pruebas; no hubo por esto cabida para usted por entonces.

Sin embargo, redactó usted El Lucero. ¡Oh, El Lucero! El Lucero era un astro que se perdía de vista. ¡Qué profundidad de vistas nuevas en política, en literatura, en todo! Sobre todo ¡qué ocurrencia tan feliz la de acordarse usted que era biógrafo por vocación, y regalarnos en El Lucero y en folleto, la biografía de López y Rosas, campeones ilustres de la Federación! Aseguro a usted, señor editor, que yo, pobre estudiante recién llegado de Europa, me quedé pasmado, pasmado, y todavía lo estoy; y que una parte de mi pasmo lo trasladé a una sátira que probablemente le enviaré con estas cartas para su recreo; con las biografías de López y Rosas empezó usted su federal noviciado.

Parece que la administración Balcarce no quiso tratos con la fe púnica de usted, señor editor, y que cuando andaba el run run de Restauración por las pulperías, mataderos y quintas de Buenos Aires, usted, en despique, tuvo la diabólica ocurrencia de publicar El Restaurador, nada menos que con el retrato de Rosas al frente. La oportunidad era excelente y usted no la desperdició. Dicen que hasta salió de poncho a la calle para probar de obra, como lo estaba probando por escrito, su adhesión y devoción al héroe de la santa federación.

Pero Rosas no subió al potro del tiro, y tuvo usted que esperar. Entretanto, entró usted en arreglos con la administración Viamonte, con la mira de utilizar su pluma en obsequio de la patria de los argentinos. Como su pluma era una gran pluma, eran tan grande como la pluma de Fadladeen, no dejaron de aceptarla. Dio usted entonces a luz una Memoria sobre la hacienda pública. ¿Quién puede entonces dudar era usted un Fadladeen enciclopédico?

Es muy probable que los economistas europeos hayan utilizado tanto su memoria como los almaceneros de Buenos Aires. Sin embargo, como la hizo usted por encargo oficial debieron pagársela bien, tan bien como lo exigía la grandeza del sacrificio que usted acababa de hacer por la patria, fiscalizando las cuentas del Restaurador cuando su campaña al desierto. Este compromiso era grave, gravísimo para quien meses antes había colocado al frente de un periódico el retrato de ese mismo Restaurador cuyas cuentas fiscalizaba. Es entendido que el material todo de su Memoria se lo dieron listo para la imprenta las oficinas de hacienda; porque usted sabía tanto de la hacienda de Buenos Aires, como yo de la de Pekín; y que usted de puro especulador y charlatán cargó con la responsabilidad de su publicación para ante el Restaurador; diablura que le hubiera costado carísima, si todos los que han hecho servir de instrumento a sus miras, no le mirasen como la más inmunda y despreciable escoria de hombre.

Viamonte, Maza pasaron, y al fin el Restaurador montó el potro, calzándose por espuelas la dictadura. Era natural estuviese enojado con usted; pero, cortesano diestro en zalamerías y genuflexiones, no se dio usted por entendido; procuró hacerle olvidar sus recientes infidelidades mentando sus antiguos servicios y sus biografías de sus héroes federales. Buscó nuevamente el arrimo de un mecenas y no tardó en encontrarlo, porque los pillos en una mirada se entienden. Un lacayo favorito del Restaurador intercedió por usted aunque en vano; no se hallaba dispuesto a aceptarlo ni para su limpiabotas. Además, las cuestiones que se proponía resolver en la nueva era de regeneración que inauguraba con el cuchillo en una mano y el rebenque en la otra, no eran de ésas que acostumbraba su pluma de usted resolver con sofismas, mentiras y frases huecas; eran de propaganda exterminadora y bárbara. Pero ese mismo lacayo, protector suyo, obtuvo de regalo de su munífico amo, por importantísimos servicios la Imprenta del Estado, y llamó a usted, señor editor, para administrarla, haciéndole, según dicen, un buen partido. Tuvo usted entonces una imprenta que hacer sudar bajo el doble peso de su erudición vasta y de su profundo ingenio. Es muy extraño que esos federales tan inflamados de americanismo no hallasen en aquella época un hijo del país inteligente, capaz, a quien favorecer con esa imprenta; pero si había, como no dudo, muchos, es de creer que ninguno se encontrase dispuesto a vender su pluma y su conciencia al Restaurador. Era preciso hallar para esto un lazzaroni Fadladeen, un alma de barro y un corazón hediondo de lepra, un sofista audaz y un charlatán necio, un especulador viandante sin vínculo alguno de afección o simpatía por la tierra; y ahí estaba usted, señor editor. Y lo hallaron sin buscarlo, como lo habían hallado los unitarios en los años 26 y 29, los federales en el 30 y 34, la administración híbrida del general Viamonte, y en suma, todos los que necesitaban de una pluma venal y descreída.

Hasta entonces, señor editor, usted había vivido del fondo de reputación política y literaria que le hicieron sus primeros patronos los unitarios, por hallarle a propósito para sus miras; y ese fondo era inagotable, porque en país alguno es más cierto que en el nuestro aquel refrán de nuestros beatos abuelos: cría fama y échate a dormir; porque a usted se la había dado un partido, y los partidos y las facciones siempre han dado títulos de capacidad entre nosotros; y porque una vez proclamada por ese órgano la reputación de un hombre, nadie se atreve a dudar de ella ni a examinarla a todas luces, aun cuando la imbecilidad o el charlatanismo se solapen bajo la espléndida máscara que le pusieron las facciones. Pero Rosas no se hallaba dispuesto a respetar esa tradición del pasado. Para él no había reputación válida sin el bautismo de sangre de la federación, como no son para la Iglesia cristianos, sino herejes, los que disienten en punto alguno de sus dogmas; para él no eran capaces sino los federales netos, es decir, los adictos a su persona; para él valía tanto, o quizá más, Cuitiño y Salomón como el doctor más reputado. Así es que para burlarse de usted y de todos los doctores ilustres que habían ido coronando las facciones en el transcurso de la revolución, sacó de los mataderos, de las cárceles, de las pulperías, de las estancias, de lo rezagado de las facciones, de todos los rincones más hediondos y oscuros de la sociedad, los buenos federales; los hizo legisladores, generales, ministros, jueces, empleados, degolladores, lacayos etc., etc., y de todas esas notabilidades de nuevo cuño formó esa magnífica jerarquía social mazorquera, sin igual en la tierra por su ilustración y sus hazañas. ¿Por qué usted, señor editor, hombre de reputación tan grande, quedó excluido de ella? ¿No le veían dispuesto a pasar por las más duras pruebas (hasta la de la vela) en muestra de adhesión al Restaurador? ¡Sí!... Pero el Restaurador había dicho:

«El que no está conmigo, es mi enemigo», y no quería, probablemente, dejarse embaucar nuevamente por las mielosas palabras y fingidas protestas de un traidor cuya pluma le era inútil. Así es que ni el puesto de lacayo pudo usted obtener en la nueva jerarquía mazorquera; y quedó arrinconado en el archivo de documentos y curiosidades históricas que había ido reuniendo en su imprenta con la paciencia y la diligencia de una viscacha. Allí, a vista de esas venerables reliquias del pasado, usted, señor editor, archivo ambulante, dicen que tuvo revelaciones inauditas, y que el resultado de ellas fue descubrir el modo de sacar provecho de la multitud de papeles viejos que tenía en su archivo y de los tipos de su imprenta. Entonces anunció usted su famosa Colección de documentos históricos con Preámbulos, Anotaciones, etc. Los que tenían alto concepto de su capacidad, los que le habían visto con dolor malgastar desde el año 26 su inmenso talento en las efímeras hojas de la prensa periódica, exclamaron: ya lo verán lo que es ese napolitano, ya tiene cancha para su ingenio; nada menos que historiador; allá lo veredes quién es Agrages, como decía don Quijote. Los jóvenes, sobre todo, señor editor, esos pobres estudiantes de la Universidad de Buenos Aires que usted tilda de holgazanes e ignorantes y que empezaban a dudar de su capacidad, a pesar de lo que oían, porque habían buscado en vano en sus periódicos, si no la luz del criterio socialista, al menos alguna enseñanza útil; esos jóvenes, digo, al anuncio de los documentos abrieron tamaña boca, creyendo les iba a caer el maná apetecido, la espléndida luz que disipara las tinieblas de su ignorancia. Pero ¡cuál fue su asombro, al hojear con avidez los documentos!... No había allí luz alguna, sino fárrago, fárrago en infolios. Al segundo tomo faltó el aliento a los suscriptores y empezaron a murmurar por la propina; al tercero, gritaron: ¡estafa! y se hicieron borrar muchos de la lista. Pero ¿qué es estafa? Entendámonos. Dar gato por liebre. ¡Bueno! Quiere decir, señor editor, que, o carecía usted de criterio histórico para apreciar el valor de los documentos que publicó, o procuró solo hacer plata saliendo de cuanto mamotreto tenía en sus estantes. Si lo primero, hubo ignorancia solamente en usted; si lo segundo, hubo ignorancia y estafa.

Pero los «ignorantes estudiantes» de la universidad, ávidos de instrucción, buscaron sobre todo en las anotaciones, proemios, etc., escritos de su pluma, señor editor, la luz histórica la chispa de esa inteligencia profunda tan nutrida de erudición y de ciencia que le suponían; y al ver aquel fárrago de vulgaridades vaciadas en su estilo pesado, campanudo, sin color ni sabor alguno; aquella crítica pedante y hueca, pensaron que en su cabeza no había un ápice de criterio histórico y que o usted, en aquélla como en sus anteriores producciones, les había escamoteado su propia capacidad, o no era más que un ignorante y presuntuoso charlatán; usted resolverá la disyuntiva, señor editor. Yo, por mi parte, haciéndole más justicia, me inclino a creer que usted no quiso en esa obra hacer alarde de toda su erudición y grandes talentos para escribir la historia, y que los reservó para el Archivo Americano o algunas otras obras póstumas; espero que no me hará quedar mal.

Recuerdo que meses después de la publicación de los documentos, leí en El Atheneum, periódico literario de Londres, un artículo en que los redactores eran del mismo parecer que los suscriptores y estudiantes de Buenos Aires sobre el mérito de su obra; y clasificándola de Colección indigesta y hecha sin criterio alguno, esperaban que usted, señor Ángelis, volviese por su honor, publicando los estudios que prometía sobre los idiomas aborígenes, sobre la gramática guaraní y sobre la geografía y la historia de estas regiones.

Pero, sin duda, entre las revelaciones que usted tuvo, cuando ideaba a solas la publicación de los Documentos, la más peregrina, la más feliz, fue su dedicatoria al Restaurador. Gracias a ella, gracias a la munificencia de ese protector acérrimo de las ciencias y de las letras, pudo usted llegar al sexto tomo de su importante publicación y redondear el negocio con buen resultado; porque los suscriptores necios le habían completamente desamparado en el camino. Gracias también al favoritismo de su consocio, el antedicho lacayo del Restaurador, se movió éste a favorecer la empresa. Pero, hablando de veras, señor editor, ¿no hubiera sido más útil al país, que usted guardase archivados todos esos documentos hasta que volviendo a él algunos de esos «ignorantones estudiantes», que hoy andan proscriptos, los clasificase y examinase a la luz de alta y filosófica crítica, los ilustrase con anotaciones concienzudas y mejor escritas que las suyas y los regalase impresos a su patria y a la ciencia histórica? ¿No habría conservado usted intacta su reputación literaria, sin exponerla a prueba tan difícil y tan superior a sus fuerzas?

Por ese tiempo, la palabra Romántico, recién llegada de España, empezó a circular en Buenos Aires con cierto sello de ridículo que le habían impreso los reaccionarios a la literatura nueva que invadía la península. Para ellos, lo romántico era la exageración o la extravagancia en todo, en los trajes, en los escritos y en los modales. La palabra era peregrina, excelente, y la adoptaron al punto los reaccionarios tanto en Buenos Aires como en Montevideo, para tildar algunos estudiantes y algunas damas que se hacían notables por algo que chocaba a los hábitos de los reaccionarios; pronunciada por semejantes labios, debió fácilmente hacer fortuna. Dicen que a usted, señor editor, no se le caía de la boca, y que solía salir de ella saturada de sal ática y con toda esa singular expresión de su rostro iluminado de tintas carmesíes, como el de Bardolph. Entretanto, ni usted, ni los reaccionarios, sabían que la palabra romántico había nacido en Alemania; que allí la popularizaron los hermanos Schlegel, como significando aquella literatura que surgió espontáneamente en Europa antes y después del Renacimiento; la cual apellidaron romántica, no solo por los dialectos romances en que vació sus primeras inspiraciones, sino también por diferenciarse radicalmente, o en fondo y forma, de la literatura griega y latina y de todas las que procedieron de su imitación; que Madame Staël, en su obra sobre la Alemania, la derramó en Francia, y que allí posteriormente sirvió de bandera de emancipación del Clasicismo y de símbolo de una completa transformación de la Literatura y del Arte. Pero, algunos jóvenes argentinos, que sabían todo esto, se reían de la ignorancia de los burlones reaccionarios y de los que aplaudían sus irónicas pullas; se reían sobre todo de usted, señor editor, el más ilustre y testarudo de los clasicones de entonces.

Ya en tiempo de La Crónica, usted y su corredactor Mora habían acreditado en Buenos Aires las virulentas hipérboles de J. M. Chenier contra Chateaubriand; y usted, señor editor, hablaba de él con el mismo sarcástico desprecio con que hoy habla de los «delirios de Saint-Simon, Fourier y Considerant». ¡Dios mío! Un pobre gusano acostumbrado a revolcarse en la podredumbre, querer escupir al Sol! ¡Usted, hablando de esos escritores como pudiera hacerlo de Parra, Cuitiño y demás cofrades de la Mazorca! ¿No sabe usted que los tres primeros son celebridades reconocidas por el mundo civilizado y que se han puesto fuera del alcance de toda crítica y sobre todo de la de usted, señor editor? ¿Quién es usted, para llamarlos delirantes? ¿Qué se propone con semejantes blasfemias contra el genio, que no revelan sino la audacia pueril de la estupidez charlatana? ¿No se parecen a los ladridos del perro contra la Luna? Pero ¡ah! no me acordaba; usted pertenece a esa constelación jerárquica mazorquera, ante cuyos resplandores palidecen todos los soles del mundo; aquellos ilustres genios no hablaron jamás de Rosas y de su federación, y son, por consiguiente, unos brutos delirantes. Y, a fe, que no me honra usted poco, señor editor, poniéndome a delirar en semejante compañía; por eso, al principiar ésta, le dije creía que a pesar de injuriarme, en el fondo había querido favorecerme.

Pero lo que más me asombra, lo que lo pinta como el más cínico y descarado charlatán que jamás haya llevado pluma, es aquella pincelada de su artículo sobre el Dogma Socialista en que asegura que: Si me «fuera posible salir del paroxismo revolucionario, comprendería todo lo que habla de ridículo en querer convertir a los argentinos en una sociedad de Sansimonianos; en someter una república fundada en los principios generales de la organización moderna de los Estados, a los delirios de Fourier y de Considerant»; y enseguida declara que: Me entrego al racionalismo de los falansterianos, y busco en las producciones más desatinadas de los colaboradores del padre Enfantin las bases de una nueva organización política. ¿Dónde, en qué página de mi libro ha podido hallar usted rastro de las doctrinas de Fourier, Saint-Simon, Considerant y Enfantin? ¿Por qué no me la cita?

¿Hay algo más en todo él que una fórmula económica de Saint-Simon adoptada generalmente en Europa y aplicada por mí a toda la sociabilidad? ¿Y de aquí deduce usted que yo soy falansteriano y sansimoniano a un tiempo? ¿Qué puede haber más ridículo y extravagante que semejante deducción de su caletre? ¿Qué otra cosa revela sino la más completa ignorancia de la doctrina de esos filósofos, el charlatanismo más descarado y la falta absoluta de sentido crítico en usted para comprender la doctrina de mi libro, ni lo que queríamos para nuestro país, en cuanto a organización, tanto el año 37 como ahora? Entretanto, usted, señor editor, en su impotencia para producir nada noble, útil u original, echa a rodar entre el pueblo las palabras sansimoniano y falansteriano, que aprendió de memoria y cuyo sentido no comprende, como lo hizo con la palabra romántico, para reaccionar contra las ideas nuevas y de progreso, que han tenido la gloria de proclamar los hijos de ese país, que no es el suyo, y que debe envanecerse de no deber, en materia de ideas, nada, absolutamente nada, a un advenedizo tan sin pudor y charlatán como usted.

Pero, dejándole ladrar contra Saint-Simon, Fourier y Considerant, le seguiremos en su carrera literaria. Muchos debieron ser sus pecados para que el Restaurador le dejase olvidado por muchos años en el rincón de su archivo de antiguallas buscando, como la polilla, pasto para su inteligencia. Verdad es que él había resuelto confiar los destinos del país y de su dictadura solamente al cuchillo y las bayonetas, y no necesitaba por lo mismo del poder de la prensa. Pero el año 40 cambió de parecer. Complicada la cuestión argentina con la cuestión francesa, consideró útil a su causa desmentir en el extranjero las acusaciones que le dirigían los patriotas de Montevideo, y empezó a hablar la Gaceta. No sé si usted enviaría a ese periódico sus lucubraciones históricas y satisfaría un tanto su angurria de escribir. Pero debe suponerse que el anónimo no cuadraría a su ambición de gloria, ni las estrechas columnas de la Gaceta a su vasta erudición, por lo cual algunos años después, empezó usted a publicar con su nombre el Archivo Americano en tres idiomas. Además, el Restaurador debía necesitar un abogado de tres lenguas de la talla de Fadladeen para que lo defendiese ante la barra de las naciones civilizadas.

¡Oh, lectores que no habéis visto el Archivo, si supierais lo que es el Archivo os quedaríais maravillados! El Archivo es un archivo de preciosidades, es el retablo de las maravillas imaginado por Cervantes en uno de sus entremeses; es la obra maestra de Fadladeen; es el vasto receptáculo donde ha depositado toda la serie de sus lucubraciones filosóficas, históricas, artísticas, económicas y especialmente políticas ese sabio napolitano. Es además, una biografía continua, inagotable, del Restaurador, de ese hombre prodigioso que hace más en un día por su tierra natal que lo que hará la muerte en medio siglo; de ese héroe sin segundo, para cuya vida no bastaría un Plutarco y apenas basta un Fadladeen. Veríais, lectores, en cada frase, o un héroe del desierto, o un padre de la patria o un Restaurador de las leyes, o un héroe de la confederación, o un brigadier general don Juan Manuel de Rosas que lo resume todo; veríais en cada período cien salvajes unitarios, enemigos de Dios y de los hombres, doscientos federales y otras tantas federaciones, embutidas en cuatrocientos sistemas americanos. Veríais, enseguida, mentiras colosales, calumnias, difamaciones, falsificaciones históricas en cada renglón; y veríais, sobre todo, lectores, una exuberancia, un torbellino de palabras que atolondra, y una variedad de ideas, de doctrina y hasta de sentido común que pasma; y al oír y ver todo esto, creeríais estar viendo un archivero delirante lanzar, como un energúmeno, vociferaciones huecas envueltas en manojos de papel desde lo alto de la torre donde los tiene archivados. Y veríais, por último, en el número 32 del tomo 4.º que tengo en mano, donde hace un saludo tan urbano a mi Dogma Socialista, un larguísimo artículo titulado Navegación de los ríos, en el cual, entre citas de capítulos y de párrafos enteros de autores conocidos y por conocer, ha intercalado el señor editor unas cuantas frases de su caletre profundamente decisivas, para probar a todo el mundo que la navegación de los ríos argentinos pertenece exclusivamente a Rosas ab initio, porque la obtuvo por herencia directa de nuestro padre Adán; y que todo aquél que así no lo entienda y reconozca, es un salvaje unitario, enemigo bárbaro de la independencia argentina y de toda nuestra América. Dicen que en él echó el resto de su erudición el señor editor, que al escribirlo sudaba la gota gorda, y que el Restaurador, con maligna sonrisa, soplándole con un fuelle en las narices y ambos ojos, le infundía aliento y le refrescaba la mollera. Conoceríais viendo esto, lectores, ese nuevo método de escribir artículos de periódico (inventado por el señor editor e imitado por la prensa mazorquera) en forma de alegatos de bien probado, atestados de citas que se truncan y acomodan al caso, y que nadie se toma el trabajo de confrontar y rectificar, porque nada más prueban en último resultado, sino que el autor citado pensó de tal o cual modo, y que el articulista erudito tiene libros en sus estantes; método, sin embargo, excelente para atosigar y dar sueño a los lectores y soliviar pesos al Restaurador, que es el único suscriptor y pagador del Archivo Americano.

Y todo esto, lectores, lo veríais en tres idiomas: primero, en castellano soporífico; segundo, en francés que horripila a los franceses; y tercero, en inglés que da spleen a los ingleses; porque la cabeza del archivero mayor de Buenos Aires es una nueva Babel donde el Restaurador ha soplado la confusión de las lenguas; y con tan buen suceso, que ha logrado por fin que no hable ni escriba en ninguna de ellas ni medio bien ni absolutamente mal, y que para americanizarlo más, le ha hecho hasta olvidar su lengua materna. Os aseguro, lectores, ser esto cierto, porque habiéndole escrito un paisano suyo una carta en italiano, contestó el señor editor en español, disculpándose de no hacerlo en su natal idioma por haberlo olvidado; a lo que replicó el compatriota, que los buenos italianos, los que guardaban vivo el recuerdo y el culto de la patria, jamás olvidaban su idioma.

Pero lo que más os asombraría, lector, y no comprenderíais al ver al Archivero Americano, es: 1.º que el Restaurador Rosas, ese campeón del americanismo haya confiado la defensa de su causa a un abogado tal como el napolitano Fadladeen, quien lejos de mejorarla la empeora con su declamación vacía y sus musulmánicas lisonjas; 2.º que ese mismo Restaurador no haya encontrado entre los estudiantes de Buenos Aires una pluma más hábil, más digna, y sobre todo, argentina, que, si no en tres idiomas genízaros, al menos en la hermosa lengua patria, charlase en pro de su Sistema Americano; 3.º que no se avergüence el Restaurador y todos esos federales de la mengua que cae sobre su causa y sobre su país, consintiendo que un extranjero charlatán difame a sus compatriotas, deslustre las glorias nacionales y reciba profusamente de sus manos el pago de esas difamaciones. Y que, por último, el Restaurador, hombre de tan honda penetración y de americanismo tan refinado, se haya dejado embaucar por él hasta el punto de nombrarle guardador de los archivos de su reino y redactor en jefe del retablo de las maravillas, el Archivo Americano, cuya edición completa le compra y paga en buena moneda de papel. Presumo, lectores, que si vierais el Archivo no atinaríais como yo con la explicación de tan extraordinario fenómeno.

Tenemos ya a Fadladeen en la privanza del Restaurador, gran nazir, o archivero mayor de sus Estados y oráculo de la prensa mazorquera. Después de muchas vicisitudes y trabajos han llegado por fin a colmo las ambiciones de este hombre grande. Ya le conocéis, lectores, ya os lo he pintado tal cual es. Pues bien, ése cuya vida es una serie de deslealtades, de bajezas y de traiciones, es el hombre que se atreve a llamar traidores a los patriotas argentinos que han combatido y combaten por la libertad de su patria; ése el que no se cansa de difamarlos y calumniarlos; ése el que con lengua impía insulta las cenizas de los mártires del Dogma de Mayo y de los héroes de la independencia argentina; ése el que falsifica nuestra historia y arroja inmundo barro sobre sus más bellas páginas.

Ése es el napolitano degradado que osa apellidar condottieri a Garibaldi y a Anzani; y canalla vendida a esos generosos italianos que han derramado su sangre en Montevideo por la causa de la libertad y del progreso, y conquistado la palma del heroísmo en los campos de San Antonio.

Ésa es la estéril, venal y descreída pluma que tilda de «estudiantes de derecho presumidos y holgazanes» a aquella selecta juventud argentina que en el año 37 se asoció para trabajar por la regeneración de su patria, peleó enseguida en las filas de sus libertadores contra sus bárbaros tiranos, y después en la proscripción, ha procurado dar lustre literario al nombre argentino. Ésa, la que en su impotente y envidioso despecho niega el mérito de los jóvenes escritores argentinos y marca con el sarcástico apodo de delirantes a Chateaubriand, Saint-Simon, Fourier y Considerant. Ésa, la que endiosa a Rosas y echa constantemente incienso a los pies de sus seides y lacayos; ésa, la que aboga por el despotismo bárbaro y el exterminio de los patriotas; ésa, la que hace escarnio de las más santas doctrinas para justificar las iniquidades y matanzas del Exterminador argentino; ésa, en fin, la pluma extranjera que mancha, años hace, la prensa de nuestro país con sus infames y estúpidas producciones.

Preguntad a ese advenedizo Fadladeen ¿qué doctrina social, fecunda y útil, ha propagado en el Plata; qué pensamiento noble o grande ha concebido su mente; qué producción nueva y original, por la concepción o el estilo, nos ha regalado en veinte años de residencia en Buenos Aires y con una imprenta y medios abundantes a su disposición? Preguntadle ¿quién ha herido de vértigo y de esterilidad su cabeza y llenádola de presunción fatua? Él mismo contestará con cínica sonrisa: yo no tengo más que mi pluma, y estoy siempre dispuesto a venderla a la más alta postura. Así comprende ese hombre la misión de la prensa y la moralidad del escritor público; ése es el móvil de todos sus actos y el principio de todas sus doctrinas. Así se ha manchado con toda clase de infamias, y como el escarabajo, revolcándose en la inmundicia, procura frenético ensuciar a todo el mundo para gozarse en verlo contaminado con su lepra.

Esa deyección inmunda de su corrupción intelectual y moral, es el regalo más funesto que podía hacernos la Europa. Entregados al desenfreno de la guerra civil, dominados por el caudillaje bárbaro, la aparición en nuestras playas de un hombre que hiciese de la prensa un vehículo de mentira y difamación, una tribuna de inmoralidad, de tiranía y de retroceso, debía contribuir poderosamente a trastornar todas las nociones morales, a extirpar la semilla de toda buena doctrina, a fomentar la anarquía de los espíritus, a relajar y viciar los vínculos de nuestra sociabilidad y a engendrar, por último, al lado de Rosas, esos dos monstruos periodísticos titulados Gaceta Mercantil y Archivo Americano; y ese hombre es don Pedro de Ángelis; ésa ha sido su misión y ésa será la envidiable gloria que lleve del Río de la Plata.

Tantas injurias, tanta mengua, calumnias y difamaciones tan repetidas, propaladas contra nuestro país y sus más ilustres ciudadanos por la boca de ese extranjero mercenario, nos han hecho salvar los límites de la moderación y hablar un lenguaje que no acostumbramos, para estigmatizarlo y sentarlo sin máscara en la picota de afrenta que merecen sus infamias. Estamos, además, persuadidos que el raciocinio y la urbanidad no son armas útiles para lidiar con hombres que se han puesto fuera de las leyes de la moral, de la justicia y de la civilización, y que vengado nuestro país de los que se ceban en ultrajarlo y envilecerlo a los ojos del mundo, nos dirá con el Dante:

Che bel honor s'acquista in far vendetta.

Concluida ésta, sin embargo, y las posteriores, voy a tomar una ablución a la turca para purificarme, y a rogar por segunda vez a Alah me guarde de la tentación de volver a tocar animales inmundos.

P. D. En otra carta me ocuparé, señor editor, de ventilar algunos puntos de su artículo sobre el Dogma Socialista; porque estoy empeñado en hacerle entender que el año 37, cuando trazábamos como usted dice, el programa de la regeneración política de la nación argentina, sabíamos mejor que usted lo que hacíamos y por qué lo hacíamos.

Carta segunda

Independencia Argentina. Federación o localismo. Federación Rosista. Unidad o centralismo, según nuestra historia, hasta el año 19. Crítica de la Constitución de este año. Partido unitario en el año 21. Su doctrina y programa gubernativo. Congreso del año 26. Crítica de su Constitución. Facción unitaria el 1.º de diciembre de 1828. Nuestro pensamiento político el año 37 y al presente. Retrospecto. Sistema municipal. Algunas observaciones más sobre el artículo del Archivo Americano

Voy a hablar seriamente con usted, señor editor, a pesar de que sus pretensiones políticas y literarias me hacen a cada instante recordar a Fadladeen, el gran nazir del príncipe Aurungzebe, y su carota abigarrada a Bardolph, aquel personaje del Enrique IV de Shakespeare a quien su compañero de taberna, Falstaff, llamaba El caballero de la lámpara ardiente; y me tienta la risa sin poderlo remediar. Sin embargo, procuraré contenerla y revestir, si no aquel tono de autoridad y magisterio usado por usted desde que vive en el Río de la Plata, al menos la respetuosa gravedad de un discípulo al hablar con su maestro envejecido en las bibliotecas y los archivos.

Por supuesto que no pretendo refutar su irrefutable artículo sobre el Dogma Socialista, porque todo él es una pepitoria de vociferaciones y mentiras, sino entretenerme con usted como se lo dije en mi anterior.

Empieza usted por llamar a «juicio» cual otro Radamanto la obra que debiera criticar, y le estampa el exabrupto la calificación de «libelo»; esto se parece bárbaramente a lo que hacía la Inquisición con los heréticos y a lo que hace la Mazorca con los que no son de su cofradía. Yo le creía periodista crítico y se me aparece juez; se conoce que por allá el furor de enjuiciar ha invadido hasta la prensa. Todo el mundo sabe, empero, que libelo se llama un escrito calumnioso y difamador; y los que hayan leído o lean mi obra verán que toda ella es doctrinaria. Pero usted se guarda bien de refutar ni tocar punto alguno de las doctrinas que contiene, o porque no ha encontrado armas para ello en su caletre ni en su archivo de erudición, o porque conviene a los intereses de su amo sublevar entre el pueblo prevenciones contra el libro, para que no lo busquen ni lo lean; esto prueba la buena fe con que lo ha examinado y juzgado. Extraño es que enseguida declare usted «que con aquella presunción que caracteriza a los genios díscolos, he trazado el programa de la regeneración política de la nación Argentina, a quien supongo fuera del camino que le demarcaron los heroicos fundadores de su independencia». Acabáramos; luego el Dogma socialista no es ni puede ser un libelo. ¿Cómo se le ha escapado este antilogismo al empezar, señor juez Radamanto? Si algún escrito debe calificarse de libelo, es el artículo de usted sobre el Dogma socialista, porque todo él es una sarta de calumnias y mentiras; porque no contiene cita de mi obra que usted no trunque para acomodarla a su paladar y hacerme cargos; porque desfigura completamente lo relativo a la Asociación, y porque eso que llama antilogismos de mi obra, son frases que, puestas en su lugar, nada tienen de antilógico, como podrá reconocerlo quien la lea.

Entra usted después en materia y lo hace de un modo curioso: supone que yo estoy descontento de todo cuanto se ha hecho para conservar la independencia argentina. Pero, señor editor, usted chochea. ¿Cuándo, en qué parte de mi obra hablo yo de independencia? ¿A eso se reduce toda su erudición histórica? ¿Está usted por saber que no hay cuestión de independencia argentina desde que concluyó la que teníamos con España? La cuestión de Mayo fue de independencia y de organización; pero la primera quedó zanjada de hecho en Salta el año 13, en Montevideo el año 14, o si usted quiere en Ayacucho; la segunda, que es de la que trata mi obra exclusivamente, está por resolverse todavía; a no ser que usted pretenda la haya resuelto el Restaurador por medio del rebenque y del cuchillo. No ha llegado a mí noticia que después de la España, nación alguna haya puesto en problema la independencia argentina. Cierto es que la Mazorca y su jefe cacarean muchos años hace sobre esto, y que se han constituido campeones de no sé qué fantasma de independencia que nadie ataca, y de no sé qué intereses americanos que nadie percibe. Pero, ésas, señor editor, son paparruchas buenas para alucinar y engañar a los bobos, y extraño mucho las tome en consideración un hombre tan serio y concienzudo como usted ¿Acaso la Francia bloqueando Buenos Aires el año 37, para recabar de su gobierno reparación de agravios por violación de la ley pública con respecto a sus súbditos, atacaba la independencia nacional? ¿No había agotado todos los expedientes pacíficos para llegar a ese fin? ¿Hay otro medio reconocido entre las naciones civilizadas para reivindicar el buen derecho, que apelar a las armas después de negociar y compeler con ellas al agresor injusto? ¿Qué otra cosa hizo la Francia? ¿No las depuso luego que logró sus pretensiones por el tratado Mackau? ¿Tenía o no buen derecho la Francia? Si no lo tenía ¿por qué cediendo a la fuerza, lo reconoció Rosas y firmó el tratado de Mackau? Si lo tenía, apelando a los cañones para reivindicarlo, después de negociar inútilmente, no atacaba la independencia nacional; luego mentía Rosas, mentía usted y toda la gente mazorquera vociferando entonces, como ahora, ataques al fuero nacional. A no ser que ustedes pretendan que en ésa, como en todas las guerras entre el fuerte y el débil por colisión de intereses o violación de derechos, siempre ha estado comprometido en la parte débil el principio de la independencia nacional; pero semejante peregrina ocurrencia solo puede caber en la cabeza de usted, señor editor, en la de Anchorena y en la del jefe de la Mazorca. Hoy vociferan ustedes lo mismo que el año 38 contra los poderes interventores, porque después de haber reclamado inútilmente el cumplimiento de los tratados con respecto al Estado Oriental, usan de la fuerza para compeler a Rosas a entrar en razón; pero no hay hombre sensato en éste, como en el otro hemisferio, que no perciba que todo ese cacareo de independencia nacional, no es, ahora como entonces, más que uno de los muchos resortes empleados por Rosas para alucinar a la multitud y sostenerse a todo trance y por medio de la guerra en la silla de su usurpada dictadura. Si alguien compromete y juega a un tiro de dados la independencia nacional, es ese testarudo y bárbaro caudillo, que atacando todos los derechos, violando todos los pactos, provoca incesantemente agresiones extrañas, llama la guerra extranjera a su país y lo somete a todas las eventualidades que puedan surgir de esa guerra, Supongamos que los poderes interventores fatigados de la terquedad de Rosas, se declaren beligerantes, y que en uso de su derecho de tales ocupan uno o más puntos del litoral del Plata o del Paraná; que Rosas se obstina; que de resultas de su obstinación, esos poderes envían al Plata expediciones costosísimas, las que se establecen y fortifican en los puntos ocupados, para hostilizarlo con mayor ventaja; que Rosas, a pesar de esto, se aferra más en su obstinación; que el tiempo corre y que, por último, el extranjero halla por conveniente conservar a cualquier título los territorios donde se ha establecido, a costa de mucha sangre y de inmensos sacrificios pecuniarios. Yo pregunto: ¿deberá echarse la culpa de ese conflicto de la independencia nacional a Rosas o a los poderes interventores? A Rosas, dirá todo el mundo, y a sus inicuos sostenedores.

¿O pretendéis, vosotros mazorqueros, que porque se os pide cuenta de una iniquidad que cometáis contra el extranjero, porque se os exige que no los degolléis, ni desapropiéis, como acostumbráis hacerlo con vuestros compatriotas, se comete desafuero contra vuestra independencia? Bueno, ya os entiendo. Queréis para Rosas, para el usurpador del poder nacional, con respecto al extranjero, la libertad salvaje de degollarlos y robarlos, de que vosotros gozáis con respecto a los compatriotas que no son de vuestra pandilla; queréis imponer a las naciones extrañas, a título de sistema americano, como leyes inviolables, todos los caprichos, todas las extravagancias, todas las barbaridades que puedan ocurrirse a vuestro ilustre jefe; queréis obligarlas a que las respeten y veneren como leyes emanadas de la justicia divina, so pena de que si así no lo hacen, serán tratados como atentadores salvajes de vuestra independencia nacional; queréis en suma, para el individuo federal o rosín, la independencia del pampa en sus aduares; para la nación o su jefe Rosas, la independencia del cacique de una poderosa tribu; vuestro pensamiento es bien claro. Idos, pues, brutos, a habitar entre los salvajes del desierto; vosotros sois indignos de vivir en una sociedad civilizada, y apenas sois capaces de acaudillar una tribu de pampas. Estáis oprimiendo, profanando, barbarizando vuestra tierra; la estáis convirtiendo en una tolderia donde no se reconoce más ley que la fuerza, más razón que el instinto o el capricho bruto, más pena que la confiscación o el degüello. Vais a acabar por borrar al pueblo argentino del catálogo de las naciones civilizadas, y cuando lo hayáis conseguido podréis vanagloriaros de gozar la independencia que apetecéis y de haber consolidado vuestro sistema americano.

Pero, replicaréis vosotros, es abusar de la fuerza atacar al débil y compelerlo a hacer lo que no quiere. Cierto, cuando el débil respeta el derecho y quiere lo moral y lo justo; pero cuando mata, desapropia, encarcela, nada más que porque se le antoja, ¿queréis que el fuerte permanezca impasible, mirando con ojo indiferente al tigre despedazar a la víctima que es su hermano? ¿Queréis que se deje insultar y abofetear por complacer al débil? ¡Admirable lógica la vuestra! Ni qué tenéis vosotros tampoco que argumentar contra la fuerza. ¿Vuestro poder acaso se funda en otra cosa que en la fuerza? Vuestras iniquidades monstruosas, vuestras victorias ¿tienen otra causa, otro origen que el más desenfrenado abuso de la fuerza bruta? ¿No matáis, encarceláis, robáis diez años hace a vuestros enemigos? ¿No degolláis a los prisioneros y rendidos? ¿No perseguís como a fieras a todos los que no llevan vuestra librea de sangre o se someten a vuestro salvaje capricho? ¿Tendríais, pues, derecho para quejaros, si la fuerza inteligente y civilizadora viniese a arrancar de vuestras sangrientas manos los instrumentos de la barbarie y de la tortura? ¿De cuándo acá los bandidos se quejaron con justicia, porque no les permitiesen continuar a mansalva sus depredaciones y asesinatos?

Ocupa usted enseguida, señor editor, una tercera parte de su artículo en charlar sobre la dedicatoria de mi libro a los Mártires de la patria, y se enoja porque no halla entre ellos nombrado alguno de los que titula «beneméritos hijos de la patria, columnas del orden, defensores de las leyes, protectores de los derechos del pueblo»; anunciándome, por último, que la «historia argentina ha registrado en su martirologio los nombres esclarecidos de Dorrego, Quiroga, Latorre, Villafañe, Heredia, etc.». Debiera usted extrañar, según esto, no dedicase mi obra al Restaurador, mártir vivo de la independencia argentina. Pero, señor editor, entendámonos; mártir es aquél que se sacrifica por una buena causa, o lo que es lo mismo, por una idea o interés social; y para mí no son mártires sino aquellos que se han sacrificado por la causa de Mayo, que es la de la patria y de la civilización; veo que usted no lo entiende así. Las horcas de la India y de España han testimoniado más de una vez que los tugs y los gitanos tienen también sus mártires; y nada extraño es que la federación mazorquera que usted defiende, los cuente a millares. Pero, señor editor, la Federación Rosina no es la Federación del año 26 y anteriores; y es injuriar atrozmente la memoria de Dorrego afiliarlo al martirologio de la Mazorca. Latorre, Villafañe, Heredia, no eran más que unos caudillejos de provincia; en cuanto a Quiroga, la enérgica pluma del señor Sarmiento ha pintado ya con caracteres indelebles la fisonomía histórica de ese caudillo y descubierto el rastro de sangre de sus asesinos. Para explicarme más a fondo en cuanto a Dorrego y Federación necesito entrar en algunos pormenores.

Habrá usted notado, señor editor, que en la Ojeada retrospectiva reconozco la legitimidad histórica de la Unidad y de la Federación, y digo que esos partidos representan dos tendencias legítimas, dos manifestaciones necesarias de la vida de nuestro país; el partido Federal, el espíritu de localidad preocupado y ciego todavía; el partido Unitario, el centralismo, la unidad nacional. Para mí, pues, la Federación Argentina, estando a los resultados históricos, no se ha formulado hasta ahora ni en institución ni en doctrina. Antes del año 26, en distintas épocas, el espíritu local manifestó pretensiones exageradas, equivocadas y aun contradictorias, según el interés y las preocupaciones de los caudillos o gobernadores que se constituían órganos de él; pero todas esas pretensiones siempre revistieron un carácter anárquico y desorganizador, tendente a la disolución del vínculo nacional. El espíritu local creyó ganar atrincherándose en su egoísmo, y aun bastarse a sí propio para la vida social. Sus representantes hasta entonces, tanto en Buenos Aires como en Santa Fe, Corrientes, Entre Ríos y la Banda Oriental, tuvieron solamente el carácter de caudillos de una facción. Esa facción apareció el año 26, capitaneada por Dorrego en el Congreso, y por López, Quiroga y Bustos en las provincias. Era natural que Dorrego y sus amigos representasen de un modo más inteligente el localismo o federalismo; porque siempre hay lógica y progreso en la manifestación de las opiniones o intereses radicados en el espíritu de una localidad o de un pueblo; y porque, obligados a batirse con un partido capaz, doctrinario, que traía su constitución in capite como Sièyes, era preciso que dejasen a un lado las vociferaciones facciosas y se armasen de razón para el combate. Pero desgraciadamente para ellos y para el país, su posición fue casi siempre negativa y declamatoria, nunca se atrincheraron en una doctrina ni supieron levantarse a la altura de jefes de un partido político, y fueron fácilmente batidos en el campo de la discusión. El bello ideal de organización federativa, era para Dorrego la Constitución norteamericana; y Moreno, la cabeza más doctrinaria de la oposición en el Congreso, nunca dejaba de invocarla; pero en boca de ambos, la federación norteamericana era un arma de reacción y de combate, más bien que una norma de organización; supuesto que olvidaban o desconocían que el principio de vida de esa federación es el poder municipal. No había para esos hombres, entretanto, federación posible fuera del tipo de norteamericano; y jamás manifestaron una concepción clara, científica, no digo de todo un sistema social federativo, porque eso sería pedir mucho, pero ni aun del modo de satisfacer las exigencias legítimas del espíritu local y de conciliarlas y armonizarlas con el grande y primordial interés de la nacionalidad.

Los federales, pues, en el Congreso, no salieron del rango ínfimo de facción, y fuera de su recinto, apelando a las armas, no desmintieron sus antecedentes anárquicos y desorganizadores; merced a sus embates cayó la presidencia y se disolvió el Congreso. Los federales se ampararon del poder; lo tenían ya ese poder en la mano para realizar sus grandes y patrióticas miras. ¿Qué hizo entretanto Dorrego para constituir esa federación que en su boca, como una máquina de reacción, había contribuido maravillosamente a disolverlo todo? ¿Qué hizo para perfeccionar las instituciones de su provincia, para reformar la ley de elecciones, la de enseñanza, la de milicia, etc., para establecer el sistema municipal y echar en Buenos Aires la planta de una organización federativa de la provincia, que sirviendo de norma a las demás, facilitase después la organización federativa de la república? Nada, absolutamente nada. Dorrego, por consiguiente, señor editor, no se sacrificó a idea o interés alguno social, no fue «mártir de la patria»; Dorrego era caudillo de una facción, y murió víctima de otra facción vencedora, como lo demostraré adelante. Pero la federación dorreguista no era la federación rosista. Dorrego a más de caudillo federal, puede considerarse como la más completa y enérgica expresión del sentido común del país, alarmado en vista de las incomprensibles y bruscas innovaciones del partido unitario; y es indudable que en ese terreno era fuerte, y desempeñaba muy bien su papel de tribuno de la multitud. La federación, por lo mismo, en su boca significaba algo, era el eco de un instinto de reacción popular y una bocina de alzamiento. La federación que Rosas vocifera, es todo lo contrario de lo que han pretendido todos los caudillos desde Artigas hasta Dorrego.

Rosas el año 30 gobernó con facultades extraordinarias, y no sé que ellos signifiquen federación.

Rosas el año 35 empuñó la suma del poder público, y proclamó como principio de su política personal esta máxima: «el que no está conmigo es mi enemigo». Consecuente con ella, empezó a tratar como parias a todos los que no manifestasen adhesión franca a su persona, los despojó de toda clase de derechos, y acabó por encarcelarlos, desapropiarlos, degollarlos u obligarlos a expatriarse; y yo pregunto si esto se llama federación.

Rosas ha fusilado gobernadores; quita y pone los que le placen, y ha llevado su sistema de sangre y su dominación hasta el último rincón de la república, aniquilando todo espíritu de localidad, todo germen de vida social en las provincias; y yo pregunto si esto es federación.

Me dirá usted señor editor, que la federación que usted invoca y Rosas defiende, es la que resulta de los diversos pactos de las provincias litorales y otras. Debo extrañar muchísimo que un hombre tan sabio en política y tan versado en la historia llame federación a esas alianzas transitorias que solo estipulan unión de fuerza para la defensa común, y delegan al gobierno de Buenos Aires la facultad de representarlas en el exterior; pero que nada determinan, nada estatuyen sobre el régimen interior, sobre lo que constituye intrínsecamente y regula la vida nacional. Verdad es que antiguamente tomaron ese nombre algunas ligas entre Estados independientes, y aun sometidos a diverso régimen gubernativo; pero en nuestra época, señor editor, una federación, es algo más que una agregación o yuxtaposición de partes, algo más que una alianza ofensiva y defensiva; es una verdadera asociación de iguales, lo que equivale a decir: comunidad de intereses, de instituciones y principios políticos, comunidad de tendencias y de miras, comunidad de trabajo entre los miembros tendientes al bienestar común, comunidad, en suma, de vida social. Y esta federación, Rosas ni remotamente la concibe; ni es capaz de realizarla; ni usted tampoco, señor editor, la comprende, supuesto que se despepita en alabanzas a la federación Rosista, y supuesto asegura que yo pretendía el año 37 «someter una república fundada en la organización moderna de los Estados a los delirios de Fourier y de Considerant».

En verdad, señor editor, que debe usted ser un admirable conocedor de nuestra historia y un profundo político, cuando ha descubierto organización en la dictadura de Rosas el año 37, o en eso que él titula Confederación Argentina; y organización nada menos que idéntica a la moderna de los Estados. Para desvanecer completamente mis dudas al respecto debió usted mencionar qué Estados; porque muy bien pudieran ser los del Asia o los de la Luna, y no parece propio ir a buscar modelos a tierras tan remotas. Ateniéndome a la historia, yo creía, señor editor, que todo el trabajo de los estadistas de mi país, todas las tentativas o ensayos de nuestras asambleas y congresos, habían tenido por objeto principal realizar esa deseada organización; y tenía por muy cierto que a pesar de su patriotismo y sus luces habían fracasado en su ardua empresa. Debo suponer que después del último congreso haya aparecido en mi país el genio predestinado para resolver el gran problema de organización; y que ese genio se haya puesto a la obra con tanto recato y sigilo, y la haya consumado con tan imponderable misterio, que nadie ha podido trascender ni el rumor de su estupenda creación; y ese genio no puede ser otro que usted o el Restaurador Rosas, o más bien ambos encarnados en uno. Presumo yo, porque usted nada nos revela al respecto, que la concepción primitiva del pensamiento organizador la haya parido Rosas, y que usted habrá desempeñado el importantísimo papel de desbastarlo, pulimentarlo y darle la forma conveniente; lo que quiere decir: que Rosas habrá puesto el mármol en bruto, y usted, con su ingenio y su arte habrá convertido ese mármol en bellísima estatua. Me es duro creer (y usted me sacará de la duda) no haya concurrido también Anchorena a esa obra magna de organización; así, por la encarnación o efusión de tres espíritus o inteligencias, resultaría la Trinidad creadora y conservadora de la República Argentina.

Dando, pues, por realizada la supuesta organización, tendrá usted a bien, señor editor, resolverme una duda ¿es federal o unitaria? ¿Se asemeja al centralismo francés o al federalismo suizo o norteamericano? ¿Es democrática, aristocrática o monárquica? Bueno será se explique usted al respecto, porque muchos piensan tiene de federativa el nombre, de unitaria el fondo, de democrática lo aparente, de aristocrática la Mazorca, de monárquica la dictadura, y de insólito y bárbaro entrañas y exterioridades; y que, en suma, es una organización sui generis, que a mí se me ha antojado bautizar con el nombre de Federación rosina o mazorquera, porque Rosas la ha inventado y la Mazorca es su medio de gobierno.

Sin embargo, Rosas, más por instinto que por cálculo de política, ha sido audaz y perseverante continuador de la obra de centralización del poder social iniciada en Mayo, y acometida con tan mal éxito en diversas épocas por el partido unitario. Los unitarios quisieron someter a una Constitución central el espíritu local o provincial, y él, ciego y preocupado, se desbocó vociferando despotismo; Rosas ha conseguido dominarlo, lo ha comprimido hasta sofocarlo y manda de hecho en toda la república. Empero, su obra será efímera como la del partido unitario; subsistirá tal vez mientras él viva; pero es más que probable que el gobierno de Buenos Aires ni otro alguno heredará su prepotencia. Suponiendo realizable el pensamiento de reconstrucción del virreinato, que algunos suponen a Rosas, no tardaría en venirse abajo ese edificio gigante, luego que desapareciese el terror que su nombre inspira y en asomar la anarquía y la disolución. Y ¿por qué? Porque la obra de crear y centralizar el poder social, es trabajo de muchas generaciones, y el resultado normal de otra obra anterior, lenta, difícil, de asociación o de fusión de todos los intereses, de todas las opiniones, de todas las creencias predominantes en el espíritu de un pueblo o de una nación; ahí está para atestiguarlo la historia de todas las repúblicas y monarquías del mundo. Esa obra debe ser más difícil para los pueblos americanos, que pasaron del más abyecto y oscuro vasallaje, al ejercicio de la más desenfrenada libertad; que no han tenido educación moral y política, ni tiempo bastante para ilustrarse, socializarse y acostumbrarse a vivir en comunidad. Querer, por lo mismo, centralizar el poder social y organizarlo por medio de una constitución o de la dictadura, me parece soberanamente absurdo; y ésa es quizás la grande e importantísima lección de treinta y seis años de guerra civil. Ahí está la República Argentina, México, el Perú y toda la América del Sur, probando mi aserto. Ya ve usted, señor editor, que en punto a opiniones políticas disto mucho de usted y de su consocio Rosas; y que no soy ni federal dorreguista, ni federal rosista, ni unitario.

Pero ya hemos hablado lo bastante de federación, señor editor; hablemos ahora de sus protectores el año 26, de aquellos unitarios a quienes usted niega hoy, por adular a Rosas, la calificación de partido político, y que yo tengo muy buenas razones para considerarlo como el único que haya aparecido en mi país con el carácter y la fisonomía de tal.

Sabido es que la revolución se dividió al nacer, y que el espíritu local levantó luego cabeza para murmurar contra la Junta Gubernativa de nueve miembros creada en Buenos Aires. En los primeros tiempos, el sentimiento del peligro, la misma efervescencia y entusiasmo producidos por esa reacción violenta de todas las opiniones y de todos los intereses contra el despotismo colonial, distrajeron los ánimos y aquietaron las pasiones anárquicas. La Junta se hizo obedecer y llevó sus armas vencedoras hasta el confín del virreinato. No tardaron, empero, en entrar en colisión el centralismo y el localismo, y en sublevar éste conflictos nocivos a la causa de la revolución. Algunos diputados de provincia, convocados para un congreso, exigieron el año 11 participación en el gobierno y lograron al fin incorporarse a la Junta. La unidad y nervio del gobierno, repartido entre tantos, se relajó y se sintieron sacudimientos anárquicos. La nueva Junta Gubernativa decretó: la formación de una Junta en cada provincia compuesta de cuatro individuos y presidida por el intendente, en quienes residiera in solidum toda la autoridad gubernativa y administrativa de la provincia; y la de Juntas subalternas de tres miembros en las ciudades o villas que tuvieran o debieran tener diputado en la Junta Central de Buenos Aires. El localismo triunfó por entonces. Hiciéronse luego sentir los peligros e inconvenientes de esa desmembración del poder cuando más importaba centralizarlo para repeler al enemigo común, y sobrevino la reacción contra la Junta, representante del localismo. Se confirió entonces el gobierno ejecutivo a un triunvirato, el cual promulgó un estatuto para gobernar por él. Este triunvirato experimentó algunos cambios en el personal hasta el año 14, en que el gobierno pasó a manos de un solo individuo con el título de director del Estado. En esa época el poder nacional lo reasumen un director y una asamblea constituyente, y el poder provincial un intendente nombrado por el director y el Cabildo de elección popular.

El año 15 tenemos un director y una Junta de Observación la cual promulga un estatuto provisional. En él se estatuye: Que serán nombrados por elecciones populares: 1.º El director del Estado. 2.º Los diputados representantes de las provincias al Congreso. 3.º Los Cabildos. 4.º Los gobernadores de provincia. 5.º Los individuos de la Junta de Observación. Los tenientes gobernadores serán nombrados por el director a propuesta en terna del Cabildo de su residencia; los subdelegados de partido por los gobernadores de provincia a propuesta en terna del Cabildo. En ese Estatuto también se declara: En lo sucesivo se practicará la elección de director según el reglamento particular que deberá formarse sobre el libre consentimiento de las provincias y la más exacta conformidad a los derechos de todos. Se ve que el localismo vuelve a triunfar, y se constituye en cierto modo como lo puede y concibe. Sin embargo, es preciso confesar que esa tentativa es la única notable y racional que haya producido en el transcurso de la revolución. Se encuentra en el Estatuto de la Junta de Observación algo de lo más sabio y mejor combinado en punto a organización que se haya concebido desde Mayo. En él se deslinda perfectamente la ciudadanía activa y pasiva; se formulan los deberes del hombre y del cuerpo social; se establece la elección a doble grado para diputados al Congreso y capitulares; se ordena la formación de municipalidades en las ciudades y villas subalternas y la composición y organización de la Milicia Nacional.

Más tarde, el año 16, tenemos un Directorio y un Congreso constituyente, quien promulga el año 17 un Reglamento provisorio para la dirección y administración del Estado. En este Reglamento se refunde lo dispuesto en cuanto a imprenta y garantías por el Estatuto del año 11, y lo más importante y mejor concebido que antes apunté del Estatuto del año 15; pero se arranca al localismo lo esencial, se ordena: 1.º Que ínter no se sancione la Constitución, el Congreso nombrará privativamente el director del Estado. 2.º Que las elecciones de gobernadores intendentes, tenientes gobernadores y subdelegados de partido se harán a arbitrio del supremo director de las listas de personas elegibles de dentro o fuera de la provincia que todos los cabildos en el primer mes de su elección formarán y le remitirán. Se ve que el centralismo se sobrepone al localismo; pero no tarda éste en asomar cabeza, y antes de promulgar el Congreso el año 19 la Constitución definitiva, ya estaba toda la república anarquizada. El centralismo, sin embargo, aparece constituido por ella, concediendo cuanto le parece dable al espíritu local. En el manifiesto con que encabeza la Constitución, el Congreso dice: Por desgracia el Estatuto provisional que regía el Estado, lisonjeando demasiado las aspiraciones de unos pueblos sin experiencia, aflojó algún tanto los vínculos sociales. El soberano Congreso creyó de su deber la formación de otro (el Reglamento provisorio) que provisoriamente llenase el vacío de la Constitución.

Esa Constitución del año 9 es curiosísima como monumento histórico. Si bien recuerdo, Daunou, el sabio autor de las Garantías individuales, la elogió como obra de arte; porque ¿qué sabía el buen francés de nuestras cosas? En ella se dice: Formarán el Senado, los senadores de provincia, cuyo número será igual al de las provincias; tres senadores militares, cuya graduación no baje de coronel mayor; un obispo y tres eclesiásticos; un senador por cada universidad, y el director del Estado, concluido el tiempo de su gobierno.

La elección de senadores de provincia se hace: Nombrando cada municipalidad un capitular y un propietario que tenga un fondo de diez mil pesos al menos para electores, quienes presentarán su terna al Congreso. Los obispos eligen su senador y el clero los tres que le corresponden. En cuanto al gobierno de las provincias nada dice la Constitución y presumo deja vigente lo que estatuye al respecto el Reglamento provisorio.

Tenemos, pues, un Senado completamente aristocrático; la reacción del centralismo contra la democracia y el localismo pasa de límites. La democracia se había desbocado y el Congreso pretende enfrenarla por medio de la aristocracia; pero en un país nuevo después de nueve años de revolución democrática, la aristocracia no se funda sino sobre la riqueza y la ilustración y por medio de la fuerza; la autoridad moral de un Congreso no basta. Si no había fuerza ni eficacia de voluntad ¿a qué provocar reacciones y trastornos con semejante Constitución? Benditos hubierais sido vosotros, congresales del año 19, si hubierais tenido poder y habilidad bastante para fundar una aristocracia en la República Argentina; ése fuera un régimen de transición excelente para educar a nuestro pueblo y ponerlo en la senda del progreso y la democracia.

El localismo antes de promulgarse la Constitución, se conmueve, como dije anteriormente; semejante al niño que no sabe lo que quiere ni lo que le conviene, se deja arrastrar por sus instintos y apela a las armas vociferando por todas partes federación; la anarquía y la disolución revientan en la capital misma, asiento del Congreso y del Directorio. Los esfuerzos y la sabiduría de los centralistas, los celos y las preocupaciones de los federalistas, solo han podido engendrar un monstruo, una hidra de infinitas cabezas, la anarquía del año 20. Ése ha sido el fruto de las diversas tentativas para la organización del poder nacional; lejos de organizarlo y constituirlo, se ha acostumbrado a los pueblos a no respetar, ni obedecer autoridad alguna; se les ha hecho menos aptos para el gobierno de sí mismos y para un régimen de leyes y se ha preparado el campo a los caudillos; no tardarán en aparecer; no tardará en engendrarlos la guerra civil.

Cada provincia se gobierna como quiere y lo entiende; no hay autoridad central. Los gobernadores ejercen poco después en cada una de ellas el poder de los intendentes y de los cabildos y desaparece esta venerable y protectora institución del Antiguo Régimen, la única que había quedado en pie transformada ya con todo el prestigio y autoridad de la tradición y de la costumbre. ¿Quién pudo ya escudar a los pueblos, promover sus intereses y contener la audacia semibárbara de los caudillos? ¿Qué institución nueva podía crearse capaz de reemplazar a los cabildos? Ninguna; ésta tenía la sanción del tiempo, estaba radicada en la costumbre y de ahí procedía toda su fuerza y vitalidad. Concibo perfectamente la importancia y utilidad de los cabildos o cualquiera otra institución municipal en nuestras provincias; pero no hallo indispensables a los gobernadores, ni los considero útiles más que para tiranizar al pueblo y hacerse caudillos.

La provincia de Buenos Aires, después de largas convulsiones, logra establecer a fines del año 20 una administración compuesta en parte de los mismos hombres de tendencias centralizadoras que habían puesto anteriormente mano a la obra de la organización nacional. Usted señor editor, que ha impreso la Recopilación de Leyes y Decretos promulgados en Buenos Aires desde el año 10, no puede ignorar que a esos hombres debe dicha provincia las instituciones que la han gobernado hasta el año 35; y habrá notado también que las de ese período ocupan dos terceras partes de su recopilación; lo que prueba que se legisló más en él que en todos los anteriores. En los preámbulos y considerandos de esas leyes y decretos y en las discusiones de la sala, usted debe haber visto que esos hombres, que después se llamaron unitarios, tenían una doctrina social, que fueron paulatinamente realizando en institución; y que esa doctrina era la misma que habían profesado en la tribuna o el gabinete en el transcurso de la revolución, robustecida y complementada por el estudio y la experiencia de muchos años. ¿Por qué les niega, pues, la calificación de partido político? ¿Por qué es tan ingrato con sus antiguos mecenas? ¿Acaso por adular a Rosas, sosteniendo que no ha habido en mi país más partido político que el federal? Pero ya le he probado que los federales nunca han salido del ínfimo papel de facciosos, ni concebido, ni profesado, ni realizado pensamiento alguno socialista. ¿Será porque usted a pesar de su talento y su erudición histórica, no percibe cuál era esa doctrina social? Bueno; voy a darle el resumen, sin pormenores ajenos de este escrito.

El partido unitario quería el sistema representativo realizado por medio del sufragio universal y una sala; y lo quería tan de veras que él lo inauguró por primera vez en la provincia de Buenos Aires.

Quería la libertad individual, o lo que en aquella época se llamaba las garantías individuales, la libertad de enseñanza, la libertad de imprenta, la de comercio, la de cultos; pero la religión y el culto católico con todo su esplendor, para el Estado.

Quería reformar los abusos y extirpar de raíz las tradiciones coloniales.

Quería la enseñanza primaria, secundaria y profesional, y fundó todo lo existente al respecto hasta la época en que la dictadura de Rosas lo destruyó.

Quería recompensar los talentos y las virtudes y estimularlos por medio de la sanción pública.

Quería el establecimiento del crédito y la consolidación y amortización de la deuda pública.

Quería regularizar la administración y dar asiento al impuesto y la renta.

Quería, en suma, la libertad, el progreso y la civilización para su país; y lo quería con buena fe, patriotismo y desinterés; y parte, si no todo lo que quería, lo realizó en institución con firmeza y habilidad. Si algo puede reprochársele, es cierta rigidez e inflexibilidad de carácter para llevar a cabo sus miras, antiparlamentaria, antipolítica; en que dejaba traslucir su orgullo aristocrático y sus pretensiones de infalible suficiencia; pero es preciso confesar que casi todo lo que hizo en hacienda y administración es admirable.

Ahora bien, ¿en qué erró el partido unitario? Veamos, señor editor.

En que dejó embrionario y sin base sólida su sistema representativo, no estableciendo la representación municipal.

En que dio el sufragio y la lanza al proletario, y puso así los destinos del país a merced de la muchedumbre.

En que no dio a los mismos ciudadanos la custodia de sus derechos, fundando el poder municipal y pretendió asegurarlos por medio de una ley de garantías.

En que no supo combinar el sistema restrictivo con la libertad de comercio para fomentar algunas industrias nacionales; y en que sacrificó a una teoría de A. Smith, que recién ha triunfado en Inglaterra en la cuestión de los cereales y de los azúcares, intereses locales de cuantía, dando ansa a los celos y animadversión de las provincias contra Buenos Aires.

En no constituir el clero, y regimentarlo para una propaganda de moral y de civilización por nuestras campañas; en dar todo al culto, y no hacer de la religión un instrumento de enseñanza y de perfección social.

En atender en la educación de las niñas más a lo lujoso y brillante que a lo útil; en fomentar demasiado los estudios profesionales (médicos y abogados) descuidando otros ramos de instrucción utilísimos.

En violar la ley del tiempo en materia de progreso social, fundando establecimientos y proyectando mejoras irrealizables, que el buen sentido del país no comprendía y rechazaba.

En no contraerse especialmente a fomentar y mejorar todas las industrias locales y en estimular el comercio de plaza, la menos productiva, la más desmoralizadora de todas las industrias; y la que en países de escasa población y producción solo toma incremento por el fraude y la estafa.

En promover el establecimiento de un Banco de descuentos, so pretexto de aumentar el medio circulante y los capitales; institución utilísima en países donde la extensión y la vitalidad del giro y la fecundidad de la producción son tan grandes que andan siempre como a caza del numerario y de capital para alimentarse; pero prematura en el nuestro, donde siendo lento el giro y el consumo y la producción mezquina, no podía servir sino para fomentar el agro y las especulaciones de comercio aventuradas, y producir, por último, las quiebras, fraudes y miserias que produjo en Buenos Aires.

En no haber exigido como condición del establecimiento del Banco que una parte de su capital se diese en préstamo a los agricultores y pequeños capitalistas, para que fuese a alimentar la industria y el trabajo en nuestros campos, en vez de imprimir una actividad facticia al desmoralizador tráfico de plaza; el mismo gobierno pudo garantir esos préstamos.

En no haber fundado un sistema de renta, que pusiese a cubierto el erario de las penurias resultantes de una guerra exterior o de un bloqueo.

En suprimir los cabildos y no establecer la representación municipal en el departamento y en el distrito municipal, para que sirviese al pueblo de escuela política; para hacer palpable a cada individuo el beneficio de su concurso; para el fomento de interés común y crear de ese modo en cada sección de la campaña elementos de orden y de progreso; para realizar con más facilidad el censo y el asiento de la recaudación del impuesto; para el arreglo y la organización de la milicia de cada departamento; para fundar la enseñanza primaria en la campaña y compeler a los padres a enviar a ellas a sus hijos; para contrabalancear la fuerza de unos partidos con otros, y evitar de ese modo el alzamiento en masa de la campaña, y el predominio de los caudillos sobre el paisanaje; para fomentar la industria agrícola y el pastoreo de ganados menores; para promover, en suma, mejoras locales de todo género que preparasen gradualmente al país para una organización estable.

Erró principalmente en no atender a la organización de la campaña, fuente de la riqueza de la provincia de Buenos Aires, y donde, sin embargo, vegetaba la mayoría de esa población pobre, desamparada, ignorante, oprimida y semibárbara, a quien dio el sufragio y la lanza para que entronizase caudillos y tiranos.

Erró, en fin, porque atrincherándose en su máxima favorita de las vías legales, se ató las manos para gobernar y reprimir a los facciosos que aniquilaron su obra; la legalidad no es arma para batir a esa gente en países como los nuestros.

Ahora bien, señor editor, ¿por qué era mala la doctrina social del partido unitario, y erróneo e incompleto, por consiguiente, su programa gubernativo? Veamos:

Porque desconocía la tradición democrática de la revolución y no se radicaba en nuestra historia y en nuestro estado social.

Porque no tenía base fija de criterio y andaba vacilante entre todos los sistemas y todas las teorías sociales.

Porque se atenía a las soluciones más altas y especulativas de la ciencia europea, y sacrificaba a veces a un principio abstracto un grande interés social.

Porque la cuestión capital de la enseñanza, piedra de toque de las doctrinas sociales fecundas y verdaderamente progresivas, no supo resolverla en vista del porvenir y de la educación sistemada de las generaciones venideras con el fin de la democracia; porque profesaba en principio la libertad de enseñanza y le eran por lo mismo indiferentes los métodos y las doctrinas; porque no llevó a la escuela primaria la enseñanza moral y religiosa sistemada y la de los dogmas políticos de la revolución; porque en la instrucción secundaria y superior todos los sistemas y todas las doctrinas hallaban cabida y era sensualista con Condillac y Tracy y utilitaria con Bentham.

Porque no concebía todo el sistema social con arreglo a ley del progreso, única, invariable, normal, promulgada por la revolución de Mayo, la ley del desarrollo democrático de la sociedad argentina; ni elaboraba sus leyes o instituciones con ese fin; porque vaciló, según los tiempos, entre tendencias aristocráticas y democráticas.

Porque ignoraba en qué punto estaba la sociedad en cuanto a cultura, costumbres, industria, moralidad; y desconociendo sus aptitudes, no supo qué hacer de ella, ni hacia qué rumbo debía encaminarla.

Porque carecía, en suma, de reglas locales de criterio socialista.

¿Qué tal, señor editor? ¿Eran o no los unitarios un partido político? Me parece que ahora no podrá usted negarles ese título. Lo extraño es que usted y la prensa mazorquera, que no se cansan de lanzar improperios y vociferaciones contra los unitarios, que los injurian y calumnian atrozmente, no hayan tenido sagacidad para percibir ni habilidad para combatir el fondo de su sistema político y los vicios de sus instituciones. Eso era más digno, más noble, y sobre todo, más útil al país; pero evadiendo semejante tarea, algo difícil por cierto, ustedes han puesto en claro su impotencia y su falta absoluta de doctrinas que oponer a las de sus enemigos.

Debe usted notar también que si yo critico a los unitarios, lo hago fundándome en la historia y el raciocinio; y que de igual modo, examinando en la Ojeada la ley de sufragio del año 21, demostré que la base de su sistema representativo era falsa y traía en sí misma su principio de muerte. Lo que entonces dije y lo que ahora acabo de exponer, evidencia que los unitarios no comprendían el sistema social de un punto de vista nacional o argentino. Ellos buscaron lo ideal que habían visto en Europa o en libros europeos, no lo ideal resultante del desenvolvimiento armónico y normal de la actividad argentina. Y advierta usted, señor editor, que no los motejo ni censuro porque buscasen lo ideal, sino porque no tomaron el camino recto para encontrarlo. Esa aspiración incesante hacia la perfección, es lo que constituye esencialmente la vida de las sociedades humanas; cuando ella no existe, cuando gobiernos como el de Rosas, sofocando todas las nobles y grandes aspiraciones, animalizan al hombre; cuando predominan tendencias egoístas y materiales, la sociedad, viviendo de la vida de la carne exclusivamente, también se embrutece y se animaliza, y queda en cierto modo paralizado su movimiento de progreso y de aspiración a la perfectibilidad.

Y sabe usted, señor editor, ¿por qué critiqué entonces y ahora a los unitarios? Porque en mi país, y fuera de él, hay muchos hombres patriotas que están creyendo todavía, que la edad de oro de la República Argentina y especialmente de Buenos Aires está en el pasado, no en el porvenir; y que no habrá, caído Rosas, más que reconstruir la sociedad con los viejos escombros o instituciones, porque ya está todo hecho. Como esta preocupación es nocivísima, como ella tiende a aconsejarnos que no examinemos, que no estudiemos, que nos echemos a dormir y nos atengamos a los hombres del pasado; como ese pasado es ya del dominio de la historia, y es preciso encontrarle explicación y pedirle enseñanza, si queremos saber donde estamos y adónde vamos; como por otra parte yo creo que el país necesitará, no de una reconstrucción, sino de una regeneración, me pareció entonces y me ha parecido ahora conveniente demostrar, que la edad de oro de nuestro país no está en el pasado sino en el porvenir; y que la cuestión para los hombres de la época, no es buscar lo que ha sido, sino lo que será por medio del conocimiento de lo que ha sido. No se han comprendido así mis miras ni por usted, señor editor, ni por algunos de sus enemigos políticos. Se ha creído o aparentado creer que me movía una ojeriza personal contra el partido unitario, el deseo tal vez de congraciarme con Rosas o alguna presuntuosa ambición. ¡Miserias, siempre miserias!... ¡Cuándo abandonarán esa táctica algunos hombres!... ¡Cuándo podrá un ciudadano entre nosotros manifestar en voz alta su pensamiento y encontrar en vez de rivales, nobles y generosos émulos!...

El partido unitario, necesitando teatro más vasto para realizar sus ideas, promovió la formación de un congreso nacional. Abandonó su primer propósito de organizar la provincia de Buenos Aires y dejó su obra embrionaria para emprender otra más difícil. ¡Error gravísimo! Era volver a las andadas; era acometer antes de tiempo una empresa en que había fracasado dos veces; era empezar la obra por el pináculo, querer constituir el poder nacional antes de organizar la sociedad o encarnar en su espíritu todos los gérmenes de una organización nacional. No importa; el partido unitario emprendió la obra con decisión y perseverancia.

Es indudable que la constitución del año 26 está más artísticamente elaborada que las anteriores; y no dudo que si los pueblos pudieran moverse a vista de una obra bella del arte humano, los nuestros debieron quedar maravillados al aspecto de la Constitución del año 26, y postrarse de hinojos en muestra de respeto y veneración. Aunque más completa, sin embargo, en abstracto, como obra práctica y vista por el lado del estilo y la redacción, esa Constitución es, a mi ver, inferior al Estatuto del año 15, al Reglamento del año 17 y a la Constitución del año 19. Deja traslucir demasiado tipos franceses, y carece de cierta enérgica y plebeya originalidad que caracteriza los primeros ensayos de los centralizadores. Más democrática que la del año 19 en punto a Senado, reconstruye el poder municipal, en pequeña escala, con el nombre francés, algo impropio, de consejos de administración, y lo forma por el sufragio directo y popular, poniendo los gobernadores de provincia bajo la dependencia del presidente de la república, quien los nombra a propuesta en terna de los consejos de administración establecidos en cada provincia.

Pero una singularidad que distingue a la Constitución del año 26 de las anteriores e imprime a toda ella una fisonomía propia, es el artículo 7.º sobre la forma de gobierno. Esa cuestión se había ventilado anteriormente en nuestras asambleas, y, salvo en la Junta de Observación, la ganaron siempre los centralistas; pero no se les había ocurrido hasta entonces proponerla a las provincias y formularla en la Constitución del modo siguiente: La nación Argentina adopta para su gobierno la forma representativa republicana, consolidada en unidad de régimen. Esto era cortar el nudo gordiano y arrojar el guante a los federales. No concibo cómo el Congreso cometió error tan grave. ¿Qué significa una cuestión previa de forma cuando se trata de la vida misma de la nación? Entretanto, esa cuestión se hizo capital, la cuestión de vida o muerte en el Congreso y fuera del Congreso, sirvió de lábaro a los facciosos; y por una palabra, nada más que por una palabra, se encendió la guerra civil. Hay aberraciones inconcebibles en el espíritu de los partidos políticos. ¿No se puede constituir un gobierno sin declarar de antemano su forma? La fórmula en toda las cosas producidas por el hombre, la determina la concepción, el hecho. ¿Tratábais en el Congreso de formas o de concepciones de la inteligencia? ¿Podéis trazarme la línea de demarcación entre un régimen unitario y uno federativo? ¿Hay más diferencia entre uno y otro que la más o menos concentración del poder nacional? Y si esto es cierto ¿no podéis concebir y realizar combinaciones diversas de uno y otro régimen, sin que podáis señalarme Constitución alguna absolutamente unitaria ni federativa? En vuestra Constitución misma ¿no hay combinación de uno y otro régimen? Norteamérica se gobierna por un régimen federativo y se llaman Estados Unidos; luego hay también unidad en el fondo de su gobierno. ¿A qué venís, pues, hombres preocupados, a suscitar como cuestión previa y resolverla en vuestro sentido la cuestión que había servido anteriormente de toque de alarma, de anarquía y disolución? ¿A qué venís con una cuestión inútil de palabras a arrojar una nueva tea de discordia entre las pasiones inflamadas? Los federales debieron regocijarse al oíros; pusisteis en su mano la trompeta de reacción formidable.

Todo el texto de vuestro artículo me parece un pleonasmo absurdo. Forma republicana decís. ¿Qué significa republicano? Lacedemonia era una república con dos reyes; Atenas una república democrática; Roma una república aristocrática; Venecia una república oligárquica; y los Estados Unidos y la Suiza apenas se acuerdan de apellidarse repúblicas. ¿A qué un nombre tan vago, significando cosas contradictorias y que no determina la esencia del gobierno? No se comprende tampoco qué fin lleva ni lo que quiere decir forma consolidada en unidad de régimen; parece haberse querido sepultar entre ripios el espantajo unitario.

Buscasteis la forma en vez de buscar el fondo. Os comprendería muy bien si hubieseis suscitado como cuestión previa la siguiente: será o no gobernada la nación argentina por un régimen democrático, aristocrático o monárquico; porque resuelta esta cuestión, sabríamos si el principio de su gobierno era la soberanía del pueblo realizada por medio del sufragio y la representación como en los Estados Unidos, o la soberanía de una aristocracia, o de un cuerpo privilegiado como en Venecia, o la soberanía conjunta de un monarca, de una aristocracia y un cuerpo electoral, como en Inglaterra y Francia. Todo esto prueba que erais de la familia de los constituyentes a priori, y que estabais empeñados en amoldar a una forma abstracta la nación argentina, es decir, el cuerpo social menos homogéneo, menos maleable y peor dispuesto para semejante operación mecánica.

Pero antes de concluida esta Constitución, ya el localismo en las provincias había alzado bandera facciosa con el nombre de federación; se les presentó al cabo y la mayoría de ellas se negó a aceptarla. El presidente de la república, no pudiendo gobernar, renunció el poder, y poco después se disolvió el Congreso. El partido unitario pudo y debió hacer uso de la fuerza para aniquilar a los facciosos; el uso de la fuerza era santo, era legítimo para escudar el derecho, la justicia y el orden público, primera obligación de todo gobierno; no lo hizo y la historia lo acriminará por esto. Sacrificó el porvenir, los intereses del país y los suyos propios a su máxima favorita de las vías legales, sapientísima en boca de un partido político, pero absurda en la de un gobierno como aquél; la legalidad es un principio, no un arma útil para batir a facciosos. Sin embargo, es preciso confesar que el partido unitario fue hasta entonces consecuente con sus principios, y los sostuvo hasta el heroísmo. Generalmente hablando, un partido político triunfa o acepta el martirio. El partido unitario resignando el poder, sin haber combatido, aceptó el martirio; por eso, si la moral y la justicia lo aplauden, la política lo silba y lo condenará la historia. No tardó en arrepentirse de su resignación y empezó a atacar por la prensa a sus enemigos. Poco después, despechado y exacerbado en la lucha, apeló al motín y se convirtió en facción. Conoció recién, algo tarde, no era buena su doctrina de las vías legales, y renegó de todo principio y de toda doctrina. Desde entonces fue débil, impotente sin conocer la causa y empezaron sus derrotas; no combatía en su cancha y con sus armas favoritas. Tenía, además, todos los hábitos, todas las preocupaciones de un partido doctrinario; era valiente y temerario a veces, pero demasiado caballeresco, escogitaba los medios para herir, al paso que su enemigo no desechaba ninguno y con su plebeya y semibárbara audacia arremetía por todo y lo hollaba todo.

La lucha, pues, era desigual y se prolongaba. El partido unitario se sobrecogió de terror ante la inmensidad del sacrificio que era preciso exigir a la patria para salvarla y se dejó tomar en la trampa abandonando las armas antes de concluir el combate; éste fue su postrer error. En pago de él llevó impresa en la espalda la marca de faccioso que le estampó su enemigo; la que solo pudo borrar con una victoria y una restauración. Pero desgraciadamente, para conseguirla, era necesario que olvidase lo que había sido, que transformándose se hiciese plebeyo y revolucionario; no lo pudo. No era ni un partido, ni una facción; era algo de sexo híbrido y de carácter ambiguo, que llevaba en sí mismo el principio de la impotencia y de la derrota; al paso que su enemigo vencedor, convirtiendo en sistema el terror, y no desechando medio alguno de triunfo por bárbaro que fuese, centralizó una masa de resistencia formidable. Así el partido unitario en todas las empresas que dirigió o encabezó contra Rosas, fue cayendo de derrota en derrota hasta quedar completamente aniquilado.

Estamos, pues, conformes, señor editor, en que Lavalle fue el año 29 el jefe de la facción que fusiló a Dorrego, caudillo de otra facción. No me compete examinar ni justificar ese acto; lo hará la historia, lo harán sus amigos políticos; los que tomaron parte en los sucesos de la época y aceptaron su responsabilidad. Pero sí diré, que el general Lavalle empuñando el año 39 la espada que supo ilustrar en Chacabuco, Maipú, Pichincha, Ituzaingó, para luchar contra el despotismo bárbaro y defender el principio de la libertad y del progreso, representado por la bandera de Mayo, borró de sus espaldas la mancha de faccioso; y al caer al pie de esa misma bandera, herido por el plomo de los tiranos de su patria, conquistó noblemente la palma del martirio y rehabilitó su nombre en la historia. Otro tanto digo del general Acha, cuyo martirio hicieron más grande, más solemne, sus bárbaros verdugos. Por eso, señor editor, los que conocemos la historia de nuestro país, los que no vendemos nuestra pluma ni a las facciones ni a los tiranos y podemos hablar con imparcialidad sobre nuestros hombres y nuestras cosas, colocamos a Lavalle y Acha entre los mártires de la patria.

Justo es también reconocer, que don Bernardino Rivadavia, el promotor ilustre de las reformas y fundador de las instituciones de Buenos Aires durante la administración Rodríguez, hombre muy superior a todos los de su partido como organizador, dotado de una inteligencia rara y de una integridad y firmeza de carácter estoicas, desaprobó el movimiento de 1.º de diciembre del año 28, y embarcándose inmediatamente para Europa rechazó toda responsabilidad de participación en él; ha muerto, sin embargo, proscripto, pobre y calumniado por Rosas y por usted, señor trompeta de la prensa mazorquera.

Por lo expuesto verá usted, señor editor, si teníamos razones muy poderosas para no aceptar el año 37 la librea de la federación rosina, ni adherirnos a una facción vencida, proscripta y sin porvenir, que se había suicidado como partido político; y calculará también si podría sernos muy mortificante entonces la ojeriza de los primeros, ni el menosprecio de los segundos. ¿Qué nos ofrecían los federales? Una infame librea de vasallaje. ¿Qué nos daban los unitarios? Impotencia y la responsabilidad de actos en que no habíamos tomado parte alguna y reprobábamos en conciencia. Teníamos, entretanto, un deber que cumplir para con la patria, y tomamos el único camino que nos quedaba, el que nos aconsejaba el honor y el patriotismo en situación tan difícil. Bien sé yo que hubiera sido más útil especular como usted con la pluma, y hacerse federal de librea; pero no nos hallábamos dispuestos a seguirle en esa carrera de infamias que ha recorrido con tan buen éxito para su bolsa y para su fama.

Concibiendo realizable en lo futuro una regeneración de nuestra patria, nos propusimos entonces, no realizarla por nosotros solos como usted lo supone, sino llevar nuestra porción de labor a esa obra lenta que exigiría el concurso de todos los patriotas. Viendo la anarquía moral, la divagación de los espíritus en cuanto a doctrinas políticas, la falta de unidad de creencias, o más bien, la carencia absoluta de ellas, echamos mano de los principios generales que tienen la sanción de los pueblos libres, de las tradiciones de la revolución y de la enseñanza que ella misma nos había legado; y procuramos formular un Dogma Socialista, que, radicándose en nuestra historia y en la ciencia, nos iluminase en la nueva carrera que emprendíamos. Para esto, buscamos en la vida de nuestro país la manifestación histórica de la ley del progreso humanitario columbrada por Leibniz y formulada por Vico en el siglo XVII, demostrada históricamente por Herder, Turgot y Condorcet en el XVIII, y desentrañada y descubierta no ha mucho por Leroux, en el desarrollo y manifestación de la vida continua de todos los seres de la creación visible y de las sociedades humanas; de esa ley por la cual todas las sociedades están destinadas a desarrollarse y perfeccionarse en el tiempo, según ciertas y determinadas condiciones; y en esa investigación debimos encontrar y encontramos la revolución de Mayo, primera página de la historia de nuestro país.

Ahora bien: la revolución de Mayo nos ha dejado por todo resultado, por toda tradición y por todo dogma la soberanía del pueblo, es decir, la democracia. ¿Bajo qué condiciones, pues, se desarrollará la democracia en nuestro país o realizará su ley de progreso? En la solución de esta cuestión, estando a la historia, habían errado a mi entender, todos los hombres y todos los partidos durante la revolución. El centralismo, preocupado exclusivamente de la constitución y centralización del poder social, descuidó, en primer lugar, educar al pueblo, hacerlo apto para el gobierno de sí mismo; en segundo lugar, no supo hallar el medio de satisfacer y aquietar al localismo, que, oponiéndole resistencias, deshacía siempre su obra. Se olvidó de esta máxima de la sabiduría de los siglos: Que no se hacen constituciones para los pueblos, sino se forman pueblos para las constituciones. Vacilando, además, entre el régimen monárquico, el aristocrático y el democrático, no pudo constituir ninguno; faltole la fe en un solo dogma social y la fuerza de voluntad que ella inspira para lograr su objeto. Despechado en su impotencia, hubiera querido renegar del dogma de la revolución, de ese dogma salvador que le había dado el triunfo en la guerra de la independencia; pero ese dogma estaba ya encarnado, si no como creencia racional, al menos como sentimiento en el corazón de las masas, y puesto en la necesidad de lisonjear ese sentimiento, nunca tuvo voluntad ni concibió el medio de fundar sobre aquel dogma la organización de la república.

¿Qué ha pretendido, en efecto, el centralismo en sus diversas tentativas de constitución? Reconstruir sobre nueva planta la asociación argentina;

crear una autoridad, un poder nacional que la representase, la gobernase y le diese leyes. Ahora bien, ¿a nombre de qué dogma se hizo la revolución de Mayo? ¿Cuál fue su principio de legitimidad, de fuerza y de triunfo? La soberanía del pueblo, es decir, la democracia. La cuestión, pues, capital, previa, en punto a organización, era y es hallar un modo de institución que hiciese poco a poco apta la sociedad argentina para el régimen democrático, y la llevase, sin sacudimientos ni guerra, a la perfección de la institución democrática. Esa institución debía ser, para llenar su fin, educatriz como una escuela, conservadora y protectora como una autoridad social, y eminentemente democrática y popular en su formación. Es obvio que para tener estas condiciones, esa institución no podía ser central ni comprender la nación en masa; porque el territorio argentino se divide en provincias separadas por vastos desiertos, y éstas en ciudades y villas etc.; es también claro que solo podía ser local, y que mayor sería su fuerza, más grande y palpable su utilidad, cuanto mayor fuera el número de localidades en que se ramificase y se extendiese. Ahora bien, ¿cuál es la institución única que en la historia y en la práctica de las sociedades modernas llena de un modo más completo estas condiciones? La institución municipal. La institución municipal, pues, debió ser el principio, la base sine qua non de la organización de la sociedad argentina; y esto lo desconocieron los centralistas.

Preguntaremos ahora ¿qué quería el localismo? Concurrir como parte a la formación de la autoridad central; pero no reconocer dependencia ni subordinación a esa autoridad y negarle obediencia cuando cuadrase a su interés o a su capricho. Quería aislarse, gobernarse por sí, segregarse de la gran familia toda vez que pudiera convenirle. Se ve que el instinto ciego, individual, egoísta era su móvil. ¿Cómo podían, pues, conciliarse voluntades tan disconformes, ni avenirse a entrar en conciliación y vivir en paz las pretensiones de los centralistas y de los federalistas, o el centralismo y el localismo? Debieron hacerse y se hicieron guerra desde el principio de la revolución, hasta quedar uno y otro completamente aniquilados bajo el yugo de fierro del despotismo y del caudillaje.

Resulta evidente, pues, que el centralismo se extravió o no acertó con el medio único de arribar a su apetecida organización, y que el localismo, guiado por instintos vagos, ha obrado casi siempre en la república como principio disolvente y desorganizador; nunca ha sabido comprender bien sus intereses legítimos, hacerlos valer y ponerlos al amparo de la única institución que podía eficazmente protegerlos y promoverlos, la institución municipal. Para esclarecer mejor este punto, hagamos un retrospecto. El virreinato no era más que una agregación de provincias o de localidades dispuesta en miras de mejor administración y recaudación de rentas; no era una asociación, que solo existe entre iguales, para el amparo y fomento de intereses comunes. El único vínculo que ligaba a las partes consistía en la autoridad casi toda española. Los intendentes y los cabildos la ejercían en las provincias, y como no había guerras ni complicación de intereses, casi toda la vida social se concentraba en las localidades, o cada una vivía en cierto modo por sí sola y para sí sola. La mayoría, en tanto, de la población erraba por las campañas sin haber cultivado jamás sentimiento alguno de sociabilidad y dominada únicamente por el de la independencia individual. No había en el país aristocracia hereditaria ni radicada en la propiedad, y reinaban en cada hombre no solo los instintos sino los hábitos de la independencia y de la igualdad. La revolución, apelando a las armas para reivindicar la libertad individual y la independencia social, robusteció el primer sentimiento, predominante en el individuo, y el segundo, dominador en la localidad o la provincia, y de este modo fomentó y legitimó sus posteriores extravíos. ¿Con qué derecho, desde entonces, la revolución o la autoridad creada por ella exigiría del individuo obediencia, si le había reconocido de antemano el derecho de no obedecer sino a la autoridad consentida por él? ¿Con qué derecho pretendía mezclarse en el régimen de las provincias ni gobernarlas, si eran independientes y dueñas de sí mismas? Esto precisamente dijo el Paraguay; esto vociferaba Artigas con el nombre de federación; esto murmuraban las provincias desde el principio y esto les sirvió de pretexto para no reconocer pacto alguno de asociación nacional.

Tenemos, pues, por una parte este resultado histórico: ningún vínculo de sociabilidad nacional legado por la colonia; ninguno engendrado por la revolución. Tenemos, por otra parte, dos hechos indestructibles, predominantes, normales, radicados en la costumbre y la tradición: el de la independencia individual y el de la independencia provincial o local, o en otros términos, el individualismo y el localismo. Tenemos, además, ignorancia supina, pobreza suma, hábitos de inercia y desenfreno de todas las pasiones brutales. ¿Qué hacer? ¿Se puede acaso con semejantes elementos socializar pueblo alguno por medio de una Constitución o de la dictadura bárbara? ¿Late por ventura sentimiento alguno de nacionalidad en el corazón de ese gigante de catorce cabezas llamado República Argentina? Pensadlo bien, vosotros racionalistas impotentes que creéis saberlo y poderlo todo y habéis erigido un trono a vuestra razón obcecada, desde la cual pretendéis reinar sobre los demás. Pensadlo bien, y arrojad una mirada escrutadora sobre el pasado, si queréis comprender lo que demanda el porvenir.

Quizá en el año 16 hubiera sido fácil el establecimiento de una monarquía; quizá en el año 19 pudo cortarse el vuelo a la democracia, fundando una aristocracia de la riqueza y la ilustración. Yo por mi parte me hubiera adherido de buen grado a cualquiera de ambos sistemas; porque no hay para mí alguno absolutamente malo, sino el despotismo, y porque no soy teorista en política. Pero hoy que las masas tienen completa revelación de su fuerza, que Rosas a nombre de ellas ha nivelado todo y realizado la más absoluta igualdad, pensar en otra cosa que en la democracia, es una quimera, un absurdo; buscar reglas de criterio social fuera de la democracia, una estéril y ridícula parodia de la política del pasado; trabajar por el desarrollo normal de la institución democrática, en todas sus aplicaciones tanto individuales como sociales, es el único modo de hacer algo digno, noble y grande para la patria.

Ésta, señor editor, es la doctrina que profeso desde el año 37; ahí está para mí esa luz de criterio socialista que usted no percibe porque es miope de inteligencia y no comprende doctrina alguna fuera de la dictadura. Puede usted entretenerse en descubrir si hay en ella algo de los «delirios de Fourier y Considerant; o si he buscado en las producciones más desatinadas de los colaboradores del padre Enfantin las bases de una nueva organización política».

Ahora bien, si en vista de lo expuesto me preguntasen ¿quiere usted para su país un Congreso y una Constitución? contestaría: no. ¿Y qué quiere usted? Quiero, replicaría, aceptar los hechos consumados, existentes en la República Argentina, los que nos ha legado la historia y la tradición revolucionaria. Quiero, ante todo, reconocer el hecho dominador, indestructible, radicado en nuestra sociedad, anterior a la revolución de Mayo y robustecido y legitimado por ella, de la existencia del espíritu de localidad; y que todos los patriotas se apliquen a encontrar el medio de hacerle olvidar sus resabios y preocupaciones disolventes, de iluminarlo para la vida social. ¿Cómo se conseguirá ese fin? Por medio de la organización del poder municipal en cada distrito y en toda la provincia, en cada provincia y en toda la república. Quiero que a ese núcleo primitivo de asociación municipal, a esa pequeña patria, se incorporen todas esas individualidades nómadas que vagan por nuestros campos; que dejen la lanza, abran allí su corazón a los efectos simpáticos y sociales y se despojen poco a poco de su selvática rudeza. El distrito municipal será la escuela donde el pueblo aprenda a conocer sus intereses y sus derechos, donde adquiera costumbres cívicas y sociales, donde se eduque paulatinamente para el gobierno de sí mismo o la democracia, bajo el ojo vigilante de los patriotas ilustrados; en él se derramarán los gérmenes del orden, de la paz, de la libertad, del trabajo común encaminado al bienestar común; se cimentará la educación de la niñez, se difundirá el espíritu de asociación, se desarrollarán los sentimientos de patria y se echarán los únicos indestructibles fundamentos de la organización futura de la república. ¿Cuándo, preguntaréis, tendrá la sociedad argentina una Constitución? Al cabo de veinticinco, de cincuenta años de vida municipal, cuando toda ella la pida a gritos, y pueda salir de su cabeza como la estatua bellísima de la mano del escultor.

Quiero, además, para realizar esa organización municipal la convocatoria de una convención ad hoc, que reasuma toda la autoridad y el poder de la república; que forme las leyes y dicte las disposiciones necesarias para plantificarla; que vigile su ejecución y observancia, que remueva los estorbos que la traben, que reforme en esas leyes lo que la práctica revele irrealizable; y que la autoridad social se delegue jerárquicamente en cada provincia a las municipalidades establecidas. Quiero que todos los patriotas presten su cooperación franca, activa a las disposiciones de esa convención; que la prensa discuta, popularice el sistema municipal, que la religión por el órgano de sus sacerdotes lo predique, lo haga conocer al pueblo y lo santifique con su sanción. Quiero en suma, que en los focos municipales se concentre toda la vida intelectual, moral y material de la sociedad argentina. ¿Es acaso tan complicada, tan activa la existencia social de nuestras provincias, que no baste a satisfacerla el poder municipal, y que sean necesarios gobernadores, ministros y generales para gobernarlas y administrarlas de un modo conveniente? ¿Puede hacerse efectiva, realizarse en institución, enfrenarse y gobernarse, por otros medios que los que ofrece el sistema municipal, esa democracia ciega y presuntuosa, dominante ya en nuestros hábitos y hasta en nuestras preocupaciones? Desearía, por último, que a todo aquel que gritase unidad o federación, o promoviese la cuestión de las formas gubernativas, lo acogiese la zumba y los silbidos de todo el mundo. No es éste lugar de hablar sobre la duración de esa convención, y sobre las leyes que debiera además dictar, tendientes a organización y asociación nacional. He querido solamente marcar de un modo más claro que en la Ojeada el punto cardinal de organización democrática para mi país, y hacer ver cómo concibo realizable su regeneración en lo futuro.

Penetrado de que todo el porvenir de mi patria y los destinos de la revolución de Mayo están entrañados en la democracia; de que no hay otro camino que seguir en política; de que toda doctrina que no tienda al desenvolvimiento de la democracia en el Plata es infecunda y retrógrada; y concibiendo desde luego realizable un desarrollo armónico y completo en el porvenir de todo un sistema social democrático, hice en la Ojeada, con toda la buena fe y el ardor de que soy capaz, un llamamiento a la razón de los patriotas ilustrados, y los interpelé a abandonar de una vez el carril trillado de la vieja, estéril e impotente política del pasado, a alistarse en la bandera democrática de Mayo y a considerar y resolver nuestros problemas sociales en mira del desenvolvimiento normal de la democracia. Debo confesar que casi todos han correspondido a mi llamamiento sincero, y que solo usted y algunos espíritus preocupados le han negado su simpatía. No lo extraño, señor editor; para usted todo el problema de la sociabilidad argentina consiste en la dictadura; para alguno de esos espíritus preocupados, todo él está refundido en las instituciones del pasado y en las cabezas que las concibieron; para otros lo está en no sé qué racionalismo ecléctico, nuevo en su género, infatuado de suficiencia, intolerante, que nada tiene en sí y mendiga cuanto tiene, y que a cada paso no hace sino revelar su impotencia y debilidad. Esos espíritus con menos vanidad, con un poco más de elevación de sentimientos y de miras, examinarían con imparcialidad, pensarían, tomarían en consideración las opiniones concienzudas de los que usan la libertad de pensar en política de diverso modo que ellos, y acabarían por convencerse que se van quedando solos con sus opiniones, aun cuando pretendan poseer la clavícula de Salomón.

Advierto ahora, señor editor, que para usted y esos caballeros que piensan basta para ser doctrinario en política pronunciar la fraseología de la ciencia o adherirse a las opiniones de algún autor europeo de monta, no debía ser fácil comprender la originalidad e importancia del pensamiento dominante en el Dogma Socialista y en la Ojeada. Era preciso supiesen que en nuestra época no tiene la autoridad y el valor de doctrina social, la que no se radica a un tiempo en la ciencia y en la historia del país donde se propaga. Pero persuadido yo de esto, y en vista de la infecunda cháchara de nuestra prensa, me esforcé en sentar sobre el fundamento histórico, indestructible de la tradición de Mayo, los rudimentos de una doctrina social científica y argentina. Esta tentativa tenía doble objeto: 1.º levantar la política entre nosotros a la altura de una verdadera ciencia, tanto en la teoría como en la práctica; 2.º concluir de una vez con las divagaciones estériles de la vieja política de imitación y de plagios que tanto ha contribuido a anarquizar y extraviar a los espíritus entre nosotros. Explicado el pensamiento de Mayo, o más bien, hallada la clave histórica de la doctrina, no me fue difícil abarcar de un punto de vista único toda la sociabilidad argentina, y ponerme en estado de resolver por medio de ella todas nuestras cuestiones sociales de un modo satisfactorio y con una sola tendencia: partiendo de la tradición revolucionaria de nuestro país, difícilmente podía extraviarme. Así lo hice en la cuestión de enseñanza primaria y otras varias que he tocado en éste y anteriores escritos. Tal vez me haya equivocado; pero me quedará al menos la satisfacción de haber sido entre nosotros el primero en hacer tentativa semejante, y en provocar investigaciones serias sobre este punto capital de filosofía política. Sensible es haya escapado a la penetración de esos espíritus preocupados que mencioné anteriormente, esa tentativa de un compatriota; quizá su racionalismo hubiera disipado mis errores y héchonos la revelación de una doctrina social más profunda, más científica, más nacional que la que podamos concebir. Yo quisiera entretanto preguntarles ¿qué han enseñado al pueblo sobre el pasado, qué luz le dan sobre el presente, qué le guardan para lo futuro?

A pesar de esto, sea cual fuere la táctica que empleen para desconsiderar nuestros escritos esos pregoneros de la política caduca y sin porvenir del pasado; ora pretendan reprobarlos con su silencio o herirnos con su ironía entre paredes, me asiste el convencimiento que los irán adoptando poco a poco y que los inteligentes hallarán en cada producción de su pluma rastros del espíritu, de la tendencia y hasta del lenguaje de las doctrinas que predicamos desde el año 37.

Francamente, a quien no pienso ver convertido nunca a las doctrinas democráticas es a usted, señor editor; porque es demasiado viejo y tiene ya el seso saturado de infamia. Sin embargo, espero le será fácil comprender ahora, por qué no soy unitario ni federal; y que así como para Rosas, la federación y la luz del criterio socialista está en el cuchillo y la dictadura y para usted en la propina del dictador, para mí está en el distrito municipal el germen de la organización de mi país y la luz del criterio socialista. ¿Cómo podríamos, pues, entendernos? ¿Cómo era posible que usted concibiese lo que significaba tener reglas locales de criterio socialista? ¿Qué sabe usted tampoco de filosofía política, ni de nuestra historia, ni de nuestro estado social? Un parodista cínico de Voltaire y de Bentham, ¿cómo podrá comprender la sociabilidad de un pueblo donde vegeta y se arrastra como planta parásita? Para usted la sociedad no tiene un fin de progreso y de perfectibilidad, ni se halla dotada de facultades para realizar ese fin; para usted la sociedad es una máquina de resortes materiales y todo el problema de su vida y de su destino consiste en hacerla andar de cualquier modo. Así es que usted jamás ha consagrado su inteligencia y su pluma al servicio de idea o doctrina alguna progresiva, sino a especulaciones infames y a preconizar la habilidad de motores de máquinas sociales como Rosas.

Concluiré esta carta, ya demasiado larga, tocando por encima algunos chistes y linduras más de su artículo sobre el Dogma Socialista. Truncando algunas de mis frases y desfigurando cuanto digo, se ha entretenido usted en hacer una burlesca parodia de la Asociación con el ánimo sin duda de divertir a sus lectores; pero le ha salido tan insípida y tonta, que, lejos de causar risa, da lástima. Se ve por ella, que ha llegado usted a ese punto de degradación mental llamado chochera o imbecilidad, y que cuando quiere decir agudezas se le cae la baba y se mancha con ella; no deja de ser extraño en hombre tan chistoso y decidor como usted. Hace usted, sin embargo, una confesión rara; reconoce que el «club de estudiantes de derecho, inquietos, presumidos, holgazanes y muy aficionados a la literatura romántica», formado en Buenos Aires el año 37, dio no poco que hacer al Restaurador en Córdoba, en Tucumán, Corrientes, Buenos Aires, Montevideo, Chile y Bolivia; lo que equivale a decir, que ha servido dignamente a su patria; gracias, señor editor, no esperábamos de usted semejante elogio.

Citando esta frase de la Ojeada: que el partido unitario no tenía reglas locales de criterio socialista y era algo antipático por sus arranques soberbios de exclusivismo y supremacía, agrega usted: «Suponemos que lo que quiere decir es que los salvajes unitarios, a quienes impropiamente califica de partido político, son egoístas y orgullosos», en lo que estamos conformes. «Pero lo que no podemos entender es aquel criterio socialista, que merece ser explicado por ser uno de los rasgos principales de la fisonomía política de estos demagogos.» Pero, señor editor, yo no hablo como usted el lenguaje de los pulperos, sino el de la ciencia; tengo además estilo propio, estilo que me ha valido reputación algo sólida entre mis compatriotas; ¡figúrese si me rebajaría a tomar el suyo por modelo, ni a entrar en la tarea de enseñarle nuestro idioma para que pueda comprenderme! Lo que sí haría, escribiendo como usted escribe, es no mortificar jamás al público con producciones de mi pluma. Lo de criterio socialista queda explicado anteriormente, y para mejor comprenderlo puede usted internarse más a fondo en la filosofía política de la Mazorca, donde hallará el cuchillo y la dictadura, claves maestras de todo criterio socialista. «En cuanto a ser el criterio socialista uno de los rasgos principales de la fisonomía política de estos demagogos», puede usted tomarse el trabajo de desembrollar un poco esa trilingüe algarabía.

Digo yo en la Ojeada, hablando sobre la cuestión religiosa: rechazábamos para ser lógicos el pleonasmo político de la religión del Estado proclamado por todas nuestras constituciones, como inconciliable y contradictorio con el principio de la libertad religiosa. Y usted exclama con aire de triunfo: «como si la Francia y la Inglaterra no tuviesen una religión propia, y sin comprender que sin esto la tolerancia de los cultos que es una virtud, degeneraría en politeísmo que es un vicio». ¡Gracias, señor editor, por la estupenda revelación! ¡Conque la Francia y la Inglaterra tienen una religión propia! En verdad que yo lo ignoraba. ¡Conque es preciso que toda Constitución diga, tal religión es la del Estado, para que se entienda que ese Estado tiene una religión propia, como la Francia y la Inglaterra! En verdad que no lo sabía. ¡Qué piscina de erudición y de ciencia la de usted! Me parece estar oyendo un estudiante de segunda.

Yo creía con todo el mundo que el politeísmo era de origen pagano; usted me enseña que las sectas cristianas son politeístas o adoran diversidad de dioses, y que donde quiera que reina la «virtud de la tolerancia de los cultos», sin la cortapisa de la religión del Estado, el «vicio del politeísmo» invade y contamina todo. Según usted, en los Estados Unidos, donde no hay religión del Estado sino libertad religiosa, el politeísmo debe ser algo más que pagano y se topará en cada hogar y en cada esquina con algún ídolo monstruoso. ¡Soberbio descubrimiento histórico el de usted, señor editor! El politeísmo y el Cristianismo es todo uno. ¡Qué hombre!... ¡Qué cholla mazorquera!

Me refiero a los lectores, en cuanto a los que usted llama «antilogismos» del Dogma Socialista. Era preciso que usted concluyese dando esa brillante muestra de su impotencia para refutarlo, y de que no es más que un zurcidor de frases huecas y campanudas, un propalador de vaciedades y un verdadero trasunto del Fadladeen de Moore. Basta por hoy, señor editor; mañana me propongo concluir con usted.

Montevideo, marzo 1847

Nota. La transformación radical apuntada en la página 235,[1] que experimentaron los cabildos después de la revolución, consistía en la elección. Antes de Mayo, fuera de algunos varas perpetuas, el mismo Cabildo elegía reemplazantes en la renovación anual de capitulares; lo que, perpetuando el cargo concejil en algunos individuos españoles, viciaba la institución y tendía a hacerla oligárquica.

En octubre del año 10 la Junta, a nombre del pueblo y en representación de su soberanía, destituyó a los capitulares que habían firmado las actas de

---

1   En la presente edición en la página 145. (N. del E.)

Mayo «por los repetidos ultrajes (dice en el manifiesto) que han inferido a los derechos del pueblo y por exigirlo el orden público», y eligió un cabildo revolucionario.

En agosto del año 12, el Triunvirato decretó la abolición de los oficios de consejo perpetuos, restituyéndolos a su primitivo estado de electivos. Posteriormente la elección de capitulares se hizo por sufragio popular indirecto como lo determina el Estatuto de la Junta de Observación.

La condición requerida por la índole de este escrito, me ha obligado a desechar pormenores y a ceñirme a caracterizar y apreciar brevemente los resultados históricos. Espero que los pocos versados en nuestra historia me dispensarán ésta que puede ser para ellos una falta, pero tal vez una recomendación para mi trabajo. (E. E.)

Libros a la carta

A la carta es un servicio especializado para

empresas,

librerías,

bibliotecas,

editoriales

y centros de enseñanza;

y permite confeccionar libros que, por su formato y concepción, sirven a los propósitos más específicos de estas instituciones.

Las empresas nos encargan ediciones personalizadas para marketing editorial o para regalos institucionales. Y los interesados solicitan, a título personal, ediciones antiguas, o no disponibles en el mercado; y las acompañan con notas y comentarios críticos.

Las ediciones tienen como apoyo un libro de estilo con todo tipo de referencias sobre los criterios de tratamiento tipográfico aplicados a nuestros libros que puede ser consultado en Linkgua-ediciones.com.

Linkgua edita por encargo diferentes versiones de una misma obra con distintos tratamientos ortotipográficos (actualizaciones de carácter divulgativo de un clásico, o versiones estrictamente fieles a la edición original de referencia).

Este servicio de ediciones a la carta le permitirá, si usted se dedica a la enseñanza, tener una forma de hacer pública su interpretación de un texto y, sobre una versión digitalizada «base», usted podrá introducir interpretaciones del texto fuente. Es un tópico que los profesores denuncien en clase los desmanes de una edición, o vayan comentando errores de interpretación de un texto y esta es una solución útil a esa necesidad del mundo académico.

Asimismo publicamos de manera sistemática, en un mismo catálogo, tesis doctorales y actas de congresos académicos, que son distribuidas a través de nuestra Web.

El servicio de «Libros a la carta» funciona de dos formas.

1. Tenemos un fondo de libros digitalizados que usted puede personalizar en tiradas de al menos cinco ejemplares. Estas personalizaciones pueden ser de todo tipo: añadir notas de clase para uso de un grupo de estudiantes,

introducir logos corporativos para uso con fines de marketing empresarial, etc. etc.

2. Buscamos libros descatalogados de otras editoriales y los reeditamos en tiradas cortas a petición de un cliente.